図解 魔導書

F FILES No.032

草野 巧 著

新紀元社

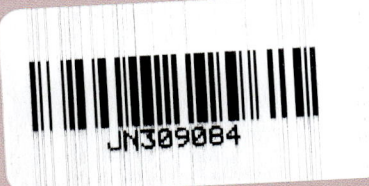

はじめに

魔法や魔術に興味のある皆さんはおそらく「魔導書」あるいは「グリモワール」という言葉を何度も聞いたことがあるだろう。『ソロモン王の鍵』や『レメゲトン』という魔導書の名前を聞いたことがある人も結構多いかもしれない。しかし、魔導書とはどんなものなのか、どんなことが書かれているのかといったことになると、具体的に答えられる人はほとんどいないのではないだろうか。

その理由は簡単で、魔導書はとても難しく、分かりにくいという特徴があるからだ。

魔導書が魔術書の一種であることは間違いない。だが、単純に魔術書というのとは意味が違っている。魔術書は魔術について書かれた書物全体のことだが、魔導書は違う。魔導書は魔術書の中でも特に天使や悪魔といった霊たちを召喚し、自分の望みを実現するための方法について詳しく書かれたものなのである。

それゆえ、魔導書はただの魔術書よりもなおさら恐ろしく、秘伝めいた雰囲気がある。魔導書あるいはグリモワールという言葉が登場するだけで、何とも言えぬ恐怖の感覚が引き起こされるといってもいい。20世紀の小説家ハワード・フィリップ・ラヴクラフトの創造したクトゥルフ神話に『ネクロノミコン』という恐ろしい魔導書が登場するのを見ても、それはわかる。ある意味、魔法使いが登場するような物語には必ずなければいけないようなアイテムなのである。

しかも、魔導書は決して架空世界だけの存在ではない。とくにヨーロッパでは非常に古い時代から多種多様な魔導書が数多く存在し、多くの人々に読まれ、利用され、かつ恐れられていた。そして、その伝統が現代にまで受け継がれているのである。

一体魔導書とはどのような書物なのだろう？　この本を読んだ皆さんはそれについて自分なりに語ることができるはずである。

草野　巧

目次

目次

第1章
魔導書入門

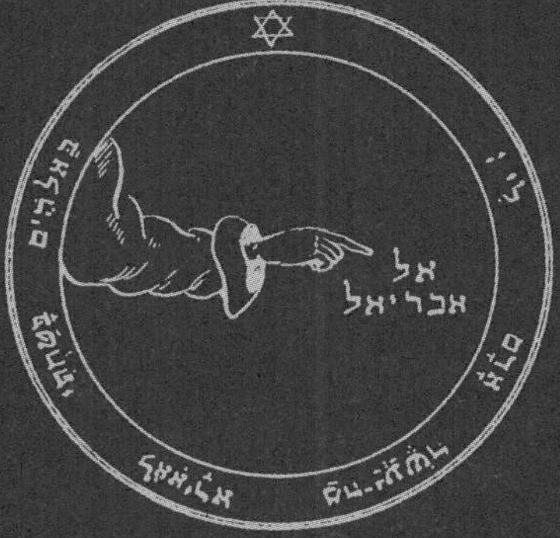

No.001

魔導書とは何か？

Grimoire-definition and meaning

魔導書―それは悪魔や天使などのさまざまな霊を、祈りや対話や威嚇によって意のままに操り、自らの欲望をかなえるための本である。

●悪魔や天使などを使って願望をかなえるための本

魔導書とは何か、正確に定義するのは非常に難しい。魔導書は英語でグリモワール（grimoire）というが、この単語は“grammaire”というフランス語から来たといわれる。“ラテン語で書かれた文書”という意味である。18世紀から、この単語が魔術書を意味するようになったが、難しくて理解できないというのに「グリモワールのよう」といういい方もあった。魔導書とはそれくらいわかりづらいものなのである。

しかし、一般に魔導書と呼ばれるものにはある共通の特徴がある。それは、魔導書には悪魔や天使などのさまざまな霊を、祈りや対話や威嚇によって意のままに操り、自らの欲望をかなえる方法が書かれているということだ。それは霊を操るための非常に具体的な手引書で、霊を操るのに必要な魔法円、印章、護符、**シジル**、魔法杖などの製作方法、多数の呪文などが記されているのである。

つまり、魔導書とはただ単に魔術に関することが記された本ではなく、天使や悪魔を操って自分の望みをかなえるための、非常に具体的な手順が書かれた本なのである。

このような本はファンタジー小説や映画などではよく見かけるものだ。ファンタジーの世界では、長い外套を着たいかにも怪しげな魔法使いが魔法円の中に立ち、魔法杖を振り回しながら天使や悪魔を呼び出す場面がよくある。魔導書とはまさにそんな魔法使いの参考書のようなものである。

しかし、魔導書は決してフィクションの中だけのものではない。ヨーロッパには非常に古い時代から、たくさんの魔導書が存在していた。『ソロモン王の鍵』、『ソロモン王の小さな鍵（レメゲトン）』、『大奥義書』、『ホノリウス教皇の魔導書』など、数えたらきりがないのである。

魔導書の定義

魔導書とは？

単なる魔術の本ではない。

天使や悪魔を操り、願望をかなえるための具体的な手引書。

特徴は？ → 魔法円、印章、護符、シジル、魔法杖など魔道具の製作方法、多数の呪文などが記されている。

魔導書には下のようにいろいろな魔道具が載っているのだ。

魔導書に記載されている魔道具の例

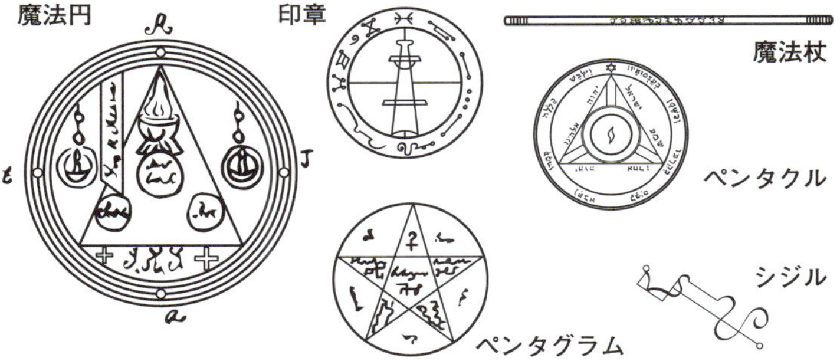

ファンタジー小説や映画などによく登場するが…

↓

ヨーロッパには無数に存在していた。
『ソロモン王の鍵』『レメゲトン』『大奥義書』『ホノリウス教皇の魔導書』など。

用語解説

●**シジル→**西洋の魔術で用いる記号や図形のこと。普通に「印章」というと特定の図形が描かれたメダルや指輪などの全体を指すことが多いが、シジルは描かれている図形や記号だけを指す。

No.002

魔導書は古代からあったのか?

Were there Grimoires in ancient times?

ヘレニズム時代の古代エジプトで魔導書は大いに発展し、紀元1世紀の地中海周辺地域にはパピルス紙に書かれた無数の魔導書が出回っていた。

●ヘレニズム時代には無数の魔導書があった

『ソロモン王の鍵』や『レメゲトン』など、現在の私たちが読むことのできる魔導書の多くは、実はそんなに古くはない。これらはみな、古くとも中世末期、多くは近代初期に作られたものである。

しかし、魔導書は古代から存在していた。魔導書とは魔術の知識を文字化したものだと考えるなら、紀元前2千年紀の古代バビロニア文明の粘土板に、その起源があるともいえる。もちろん、粘土板に書かれたものは重くて持ち運びに不便で、普通の意味で本らしくない。そういう意味で、もっと便利な魔導書らしい魔導書が初めて発展したのは、紀元前4世紀から紀元前1世紀のヘレニズム時代のエジプトである。

この時代には魔導書はパピルス紙で作られたが、そこに書かれた魔術は、それ以前の魔術と内容的にも違いがあった。古代エジプトでは古くから王墓の壁などに象形文字で魔術が刻まれたが、それは健康や守護を目的としたものだった。それに対して、パピルス紙の魔術は、魔術師の個人的な願いをかなえようとするものがほとんどだった。つまり、富を得たり、社会的に偉くなったり、異性を手に入れるということだ。もっと後の時代には、神から知恵や預言を授かることが魔術の目的となった。

こうして、ヘレニズム時代に魔導書は大いに発展し、紀元1世紀には地中海周辺地域には無数の魔導書が流通するようになっていたのだ。

しかし、この時代のパピルス紙の魔導書はほとんど残っていない。古代末期にローマ帝国やキリスト教会によって繰り返された一斉取り締まりによって燃やされてしまったからだ。こうして処分された魔導書はおびただしい数なので、専門家だけでなく一般人も魔導書を読んでいただろうと考えられている。

古代の魔導書の発展

魔導書 → 古代から存在していた。

古代の魔導書は、粘土板に始まり、パピルスの時代になって大発展したのである。

最初期の魔導書

- 古代バビロニアの粘土板。
- 重く、持ち運びに不便。
- 本らしくない。

↓

ヘレニズム時代の古代エジプトの魔導書

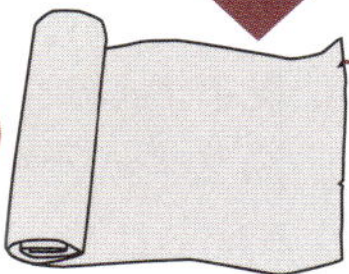

- パピルス紙製。
- 軽く、持ち運びやすく、便利。
- 本らしい。

↓

地中海周辺地域に広まる！

ヘレニズム時代の魔導書の内容

ヘレニズム期の魔導書の内容

↓

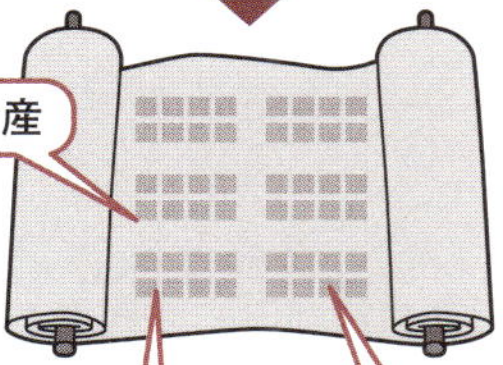

古代エジプトでは古くは王の健康や守護の魔術が行われたが、ヘレニズム期の魔導書では魔術師個人の願望を実現する魔術が中心になったのだ。

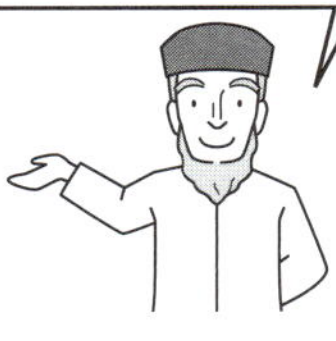

No.003

ソロモン王の名を持つ古代の魔導書

Ancient Grimoire of Solomon the king

早くも紀元５世紀にはソロモン王の名を冠した魔導書が存在し、ベルゼブブ、アスモデウス、レビヤタンなどの悪魔を封じる方法が記されていた。

●36以上の悪魔の呪文を記した魔導書

ギリシア語で書かれたソロモン王（p.40参照）の最初の魔導書『ソロモン王の遺言』は紀元1～5世紀ころに書かれた古代の魔導書である。

この魔導書には紀元前10世紀のイスラエル王国の国王だったソロモンが神から魔法の指輪（ソロモンの紋章が刻まれている）を与えられ、それを使って数多くの悪魔を使役して、見事に神殿を完成させるという物語が書かれている。登場する悪魔は、有名なベルゼブブやアスモデウス、レビヤタンのほか、36**デカン**に所属する36の悪魔などだ。悪魔たちはみな、魔法の指輪の力で無理やり呼び出され、自分たちの名前や力、命令するために必要となる呪文などを告白するのである。

たとえば、第11番目のデカンの悪魔はこう告白する。

「私はカタニコタエルと呼ばれている。私は家々に争い事と過ちをもたらし、人に癇癪を起こさせるのが仕事だ。もしも、家でくつろぎたいなら、次のようにしなければならない。7枚の月桂樹の葉に私が嫌う天使の名を書く。さらに、“Iae、Ieô。偉大なる神の名において、カタニコタエルを黙らせよ”と書く。そして、水に漬けた月桂樹の葉で水を撒き、家の内と外を清める。そうすれば私を封じることができるだろう」

また、第33番目の悪魔はこう告白する。

「私はアグコニオンと呼ばれている。赤子の産着の中に隠れていたずらをするのが仕事だ。私を封じたいならこうすべきだ。イチジクの葉に“Lycurgos”と書き、その下に“ycurgos, curgos, urgos, rgos, gos, os, s”と一文字ずつ減らして書いて行く。これで私は逃げ出すだろう」

『ソロモン王の遺言』では、このようにして次から次へと多数の悪魔を封じる方法が説明されているのである。

『ソロモン王の遺言』

ソロモン王の遺言 → ソロモン王の名を持つ最初の魔導書。 / 1〜5世紀ころの成立。

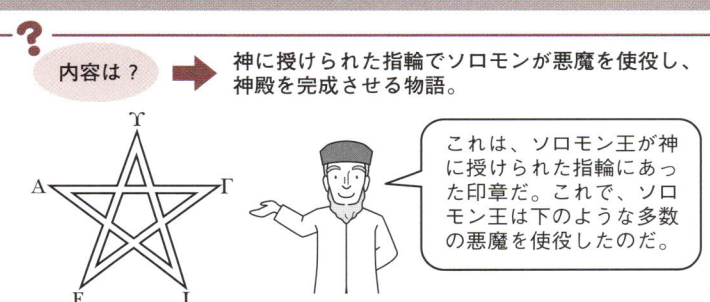

内容は？ → 神に授けられた指輪でソロモンが悪魔を使役し、神殿を完成させる物語。

ソロモン王が使役した悪魔たち

ベルゼブブ、アスモデウス、レビヤタン、36デカンの悪魔など。

悪魔アグコニオンの仕事と弱点

悪魔アグコニオン
- 33番目のデカンの悪魔
- 赤子の産着の中に隠れていたずらをするのが仕事

弱点は？

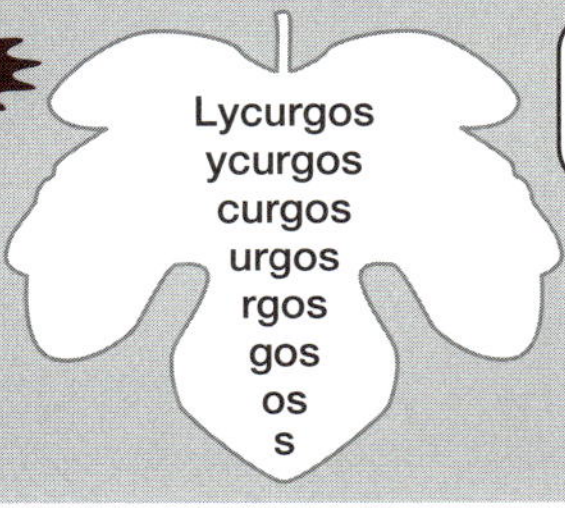

用語解説

●**デカン**→占星術で、天球上の黄道を30度ずつ12分割したものがサイン（宮）、10度ずつ36分割したものがデカンである。

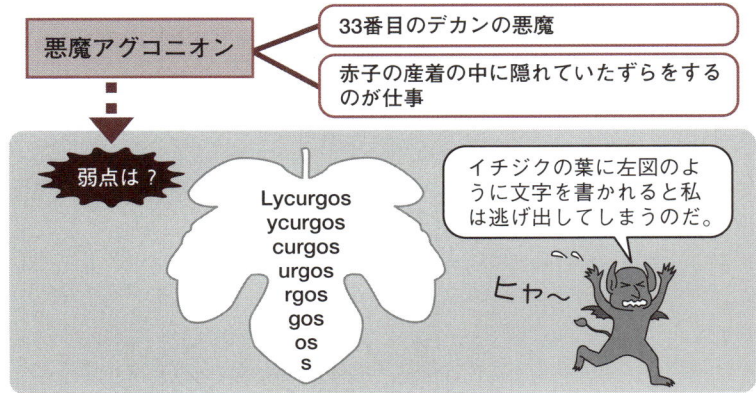

No.004

中世ヨーロッパの魔導書

European grimoires in the middle ages

古代世界から中世ヨーロッパに受け継がれた魔導書は、12世紀にはアラビア、ユダヤ、北欧の魔術の影響でさらに新しい発達を遂げた。

●外国文化の影響で様変わりした魔導書

魔導書はヘレニズム時代のエジプトで最初の発展を遂げたが、キリスト教会が支配したヨーロッパの中世時代にも新しい発展があった。

ヨーロッパの魔導書における変化はとくに12世紀ころからはっきりと現れてきた。これには十字軍運動の影響もあった。11世紀末に始まった十字軍は聖地を奪回するために何度となく中近東へ遠征した。これによってヨーロッパ人はアラビア世界の豊かな文化に目覚めたのだ。しかも、11世紀以前はアフリカ北部のイスラム勢力は強力で、イベリア半島まで支配していた。12世紀になるとその支配力も弱まって来た。そして、とくにスペインにおいてヨーロッパ圏とアラビア圏の接触が盛んになり、アラビア語からラテン語に翻訳された本などが大量にヨーロッパに入り込んだのだ。

こうした動きの結果、ヨーロッパの魔導書にも新しい考え方が入り込んだ。その最大のものは天界の霊の力を操ろうとする天界魔術（アストラル・マジック）で、『ソロモン王の鍵』など多数の魔導書がその思想を前提にしているのである。天界魔術はスペイン在住のユダヤ人学者にも影響を与え、そこからカバラ思想も生まれてきたが、このカバラ思想もヨーロッパに流れ込み、魔導書に入り込んだ。

このほかにスカンジナビア文化の影響もあった。スカンジナビア半島では11世紀ころにキリスト教が広まった。その結果としてラテン語が使われるようになり、古くからあったルーン文字は使われなくなった。そして、ルーン文字は魔術的文字とされるようになり、魔導書などに使われるようになったのである。

こうして、様々な文化の影響を受けることで、ヨーロッパの魔導書は現在見ることのできるような形へと様変わりしていったのである。

魔導書の新たな発達

中世ヨーロッパの魔導書 → 12世紀ころに大変化。

この時代に他文化の影響を受け、現在あるような魔導書に変化したのである。

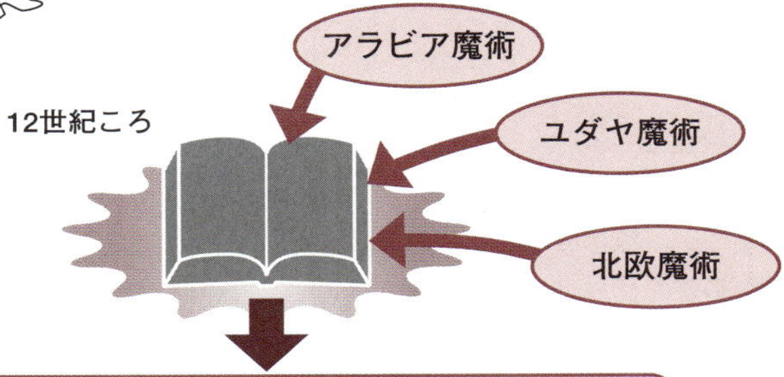

現在あるような魔導書の形ができあがる。

魔導書に入り込んだ影響

ヨーロッパ中世の魔導書が12世紀に外国から受けた主な影響の内容をまとめると下のようになる。

新要素	内容
アラビア魔術	天界の霊の力を操ろうとする天界魔術（アストラル・マジック）。
ユダヤ魔術	アラビアの天界魔術の影響を受けてスペインのユダヤ人が作り出したカバラ魔術。
北欧魔術	キリスト教化された結果使われなくなり、魔術的文字となったルーン文字。

No.005

アラビア魔術の影響

Influence of Arabic magic

星や惑星に宿る霊のパワーを利用する天界魔術（アストラル・マジック）がアラビアから輸入され、ヨーロッパの魔術に多大な影響を与えた。

●アラビアから輸入された天界魔術

12世紀ころから、十字軍の影響などもあって、アラビアの学術が大量にヨーロッパへ流れ込んだ。これによってヨーロッパ文化は多大な影響を受けたが、魔導書も例外ではなかった。

魔導書の世界では、とくにアラビアからやってきた天界魔術（アストラル・マジック）の影響が大きかった。天界魔術は、星や惑星には霊が宿っているという前提で、占星術的に適切な日時を選び、適切な儀式を行うことで、天界の霊のパワーを魔術的に利用できるというものだ。つまり、魔術と占星術を総合したようなものだ。

このような天界魔術の本が数多くアラビア語から翻訳されてヨーロッパに広まったが、中でも有名になったのは『ピカトリクス』（原題Ghâyat al-Hakîm＝賢者の目的）だった。

『ピカトリクス』はスペイン在住のアラビア人学者によって12世紀に書かれたといわれるが、その記述によれば、224冊の本の内容をまとめたものだった。それだけに体系だった本とはいえないが、星や惑星に宿る霊の力を護符などに注入する方法が主なテーマになっている。

たとえば、惑星の力を効果的に利用したいなら、その手段として惑星、図形、生贄、呪文、薫蒸《くんじょう》などを適切に用いなければならないという。

また、ある惑星の力を利用したいなら、まず自分自身の信仰心を清めなければならない。偶像を礼拝するなどもってのほかである。次に、自分の身体と衣服を清める。実際に儀式を行う際には、惑星にふさわしい色の着衣を身につける。これによって適切な薫蒸が可能となり、祈祷が有効となるからである。これらの準備を整えたうえで、惑星が適切な配置にあるときに儀式を行うことで、目的を達成することができるのだという。

天界魔術（アストラル・マジック）

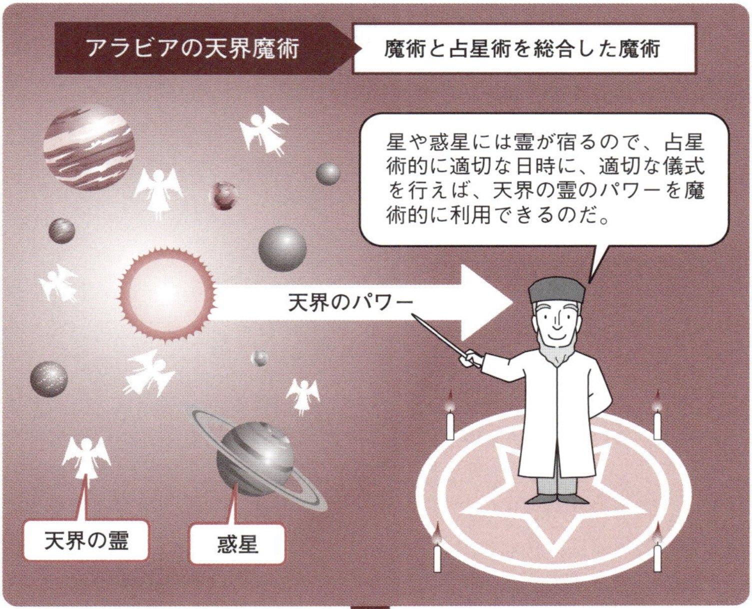
アラビアの天界魔術
魔術と占星術を総合した魔術
星や惑星には霊が宿るので、占星術的に適切な日時に、適切な儀式を行えば、天界の霊のパワーを魔術的に利用できるのだ。
天界のパワー
天界の霊
惑星

↓

ヨーロッパの魔導書に影響する

『ピカトリクス』の魔術

ピカトリクス → 最も有名になった天界魔術の書

原題 Ghâyat al-hakîm

＝

賢者の目的

？

内容は？ → 星や惑星に宿る霊の力を護符などに注入する方法が主なテーマ。

No.006

カバラの影響

Influence of Kabbalah

カバラの魔術思想によれば、ヘブライ語の文字と神の秘密の名前には特別なパワーがあり、それによって天使とも連絡できるのである。

●特別な魔力を秘めたテトラグラマトン

ユダヤの神秘主義思想であるカバラは古くから秘密裏に伝えられていたが、13世紀ころからスペインのユダヤ人学者の著作を通してヨーロッパ人にも知られるようになった。その結果として、ヨーロッパの魔導書はカバラからある影響を受けることになった。

カバラでは、ユダヤ人の言語ヘブライ語は神の言語であり、その文字の一つひとつが特別な力で神とつながっていると考えた。この思想がヨーロッパの魔術師たちの気に入ったのである。つまり、ヘブライ語の文字と神の秘密の名前には特別な力があるので、その文字と神の名前を用いることで護符の力は高まり、天使界とつながることもできるというのだ。

こうして、ヨーロッパの魔導書にはヘブライ語の文字がたくさん登場することになった。魔術師たちは、みながみなヘブライ語を読み書きできるわけではなかったから、意味のないでたらめな文字列が利用されることさえあった。

よく利用されたのは聖なる神の名だった。ユダヤ教には神を意味する聖なる呼び名がたくさんあった。アドナイ（Adonai）、エル（El）、エロア（Eloa）、エロイム（Elohim）、エホバ（Jehovah）、サベイオス（Sabaoth）、シャダイ（Shaddai）などの名前だ。

中でも特別な魔力を秘めた神の名前として、畏敬の念を持って特別視されたのはテトラグラマトン（神聖4文字）である。これはギリシア語で「4つの文字」を意味する言葉で、『旧約聖書』における正真正銘の神の名前とされているヘブライ語の“YHWH”（ヤハウェ）を指している。ユダヤ教ではこの名前を直接口に出していうことを禁じていたので、様々な神の呼び名があるのである。

カバラ魔術

カバラ → 12世紀ころに興ったユダヤの神秘主義。

特徴は？

- ヘブライ語の文字
- 神の秘密の名前

↓

特別な力がある

↓

護符の力を高める

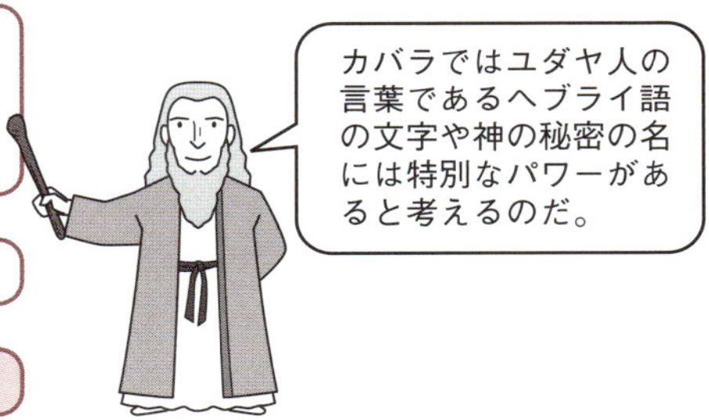
カバラではユダヤ人の言葉であるヘブライ語の文字や神の秘密の名には特別なパワーがあると考えるのだ。

ヘブライ文字とテトラグラマトン

文字	対応アルファベット	名称	文字	対応アルファベット	名称
א	a/e	アレフ	ל	l	ラメド
ב	b/v	ベート	מ（ם）	m	メム
ג	g	ギーメル	נ（ן）	n	ヌン
ד	d	ダレット	ס	s	サメフ
ה	h	ヘー	ע	a	アイン
ו	v	ヴァヴ	פ（ף）	p/f	ペー
ז	z	ザイン	צ（ץ）	ts	ツァディー
ח	H	ヘット	ק	q	コフ
ט	t	テット	ר	r	レーシュ
י	y/i/j	ヨッド	ש	s/sh	シン
כ（ך）	k	カフ	ת	t	タヴ

上がヘブライ語のアルファベット22文字。右が中でも特別力があるとされた“YHWH”（ヤハウェ）を表すテトラグラマトン（神聖4文字）である。

יהוה

No.007

ルーン魔術の影響

Influence of Runic Magic

スカンジナビアではキリスト教化とともに使われなくなったルーン文字が、文字そのものに魔力が宿った魔術的な文字だと考えられるようになった。

●北方から伝えられた魔力を持つ文字

ヘブライ語ほど一般的ではないが、古代北欧で用いられていたルーン文字もヨーロッパの魔導書で利用されることがあった。

ルーン文字は紀元1世紀ころに成立し、ドイツ北部とスカンジナビア半島でアルファベットとして使用された、ゲルマン人の古文字体系である。ルーンには「神秘」とか「秘儀」という意味がある。

その後、ゲルマン人の民族移動によってヨーロッパ各地で知られるようになったが、11世紀ころにスカンジナビア半島にキリスト教が広まり始めると、ラテン語が使われるようになった。そして、キリスト教が力を得るにつれてルーン文字はヘブライ語の文字と同じく、文字そのものに魔力が宿っている魔術的な文字だと考えられるようになった。14世紀のノルウェーでは、ルーン文字と黒魔術の禁止令が出されたこともある。

こうして、ルーン文字は大っぴらに使うことはできなくなったが、その代わりに暗号文とか魔術目的で使われるようになったのだ。

魔術目的でのルーン文字の使用はとくにアイスランドで盛んだったようだ。ルーン文字を使って魔術を行ったという罪で、多くの人々が魔女として処刑された。アイスランドには読み書きできる人々が多かったので、魔導書の需要も高かったのである。

ルーン文字は自分で書いてこそ魔力を発揮するものなので、魔術を行おうとするものは、魔導書を参考に自分自身でルーン文字を書いて、護符などを作ったのだろう。スカンジナビア半島で見つかった写本にはルーン文字で書かれた魔法陣を描いたものも発見されている。また、精霊の名前を書くときにルーン文字を用いることもあった。ただ、ヘブライ語の場合と同じく、意味不明な場合も多かった。

ルーン文字の歴史

ルーン文字

- 1世紀ころ成立したゲルマン人の古文字体系。
- スカンジナビア半島のアルファベット。

↓

11世紀以降

このころからラテン語が使われ、ルーン文字は過去の文字となり、魔術的文字になったのだ。

↓

文字そのものに魔力がある魔術的文字に！

共通ゲルマンルーン文字

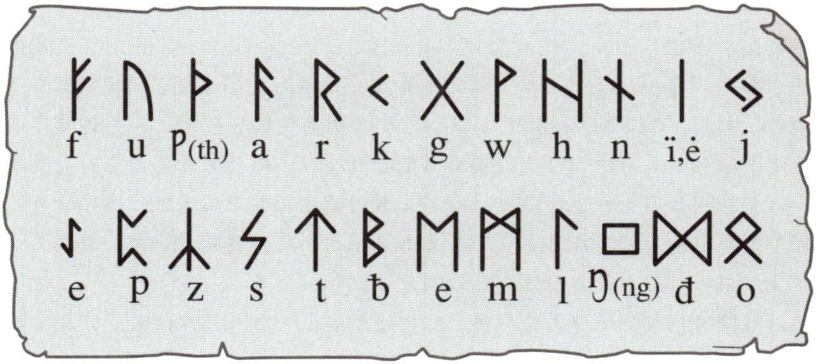
f u þ(th) a r k g w h n ï,ė j
e p z s t ƀ e m l ŋ(ng) đ o

ルーン文字は広い地域で使われたのでいろいろなタイプがある。上は最も一般的な、共通ゲルマンルーン文字と呼ばれるものだ。占いなどでよく使われる。

No.008

魔導書の物質的材料

Physical materials of grimoires

魔導書は古代エジプトではパピルス紙を利用して作られたが、中世ヨーロッパでは安価で本のように綴じることができる羊皮紙に書かれた。

●ヨーロッパの魔導書は羊皮紙製

魔導書がただ単に魔術の知識を文字で書き記したものと考えるなら、ヨーロッパの魔導書の起源は紀元前2千年紀のバビロニアまでさかのぼる。この時代には、粘土板に葦などのペンで楔形文字が書かれていたので、魔導書の物質的材料は粘土版ということになる。しかし、粘土板は自由に持ち運びできないので、本というイメージからは遠いかもしれない。

魔導書がより本らしくなるは、パピルス紙が利用されるようになってからである。パピルス紙は古代エジプトで発達した筆記のための材料で、その歴史は非常に古く、紀元前10世紀以前までさかのぼる。そして、魔術的な事柄が書かれたパピルス紙の本も遅くとも紀元前4世紀には登場していた。ただ、パピルス紙はパピルスという植物の茎を薄くはいで縦横に並べて圧縮したものなので、厳密には紙ではない。折り曲げることもできない。文章が長くなるときは、パピルス紙の紙片を糊でつなげ、棒に巻き付けた巻物にしたのである。文字はインクで書かれ、魔導書を書く場合にはインクの材料にも注意がはらわれるようになった。

これに対して、中世のヨーロッパでは羊皮紙の魔導書が一般的になった。羊皮紙は紀元2世紀ころにトルコで発明されたといわれるが、パピルス紙よりも安く、柔軟で、何枚か重ねて綴じることもできた。キリスト教にはほかの宗教と違い、羊皮紙に使う動物に関する制限もなかった。それで、ヨーロッパでは聖書を含めて、羊皮紙の本が一般的になったのだ。

ヨーロッパでは15世紀から紙が作られ、羊皮紙にとって代わるが、魔術的には羊皮紙が重要視された。紙に機械で印刷された魔導書より、羊皮紙に手書きで筆写された魔導書の方が魔力があると考えられた。このため、護符や魔法円などは羊皮紙で作るように指示されることが多いのだ。

魔導書の材料の変遷

魔導書の材料

粘土板	パピルス紙	羊皮紙
	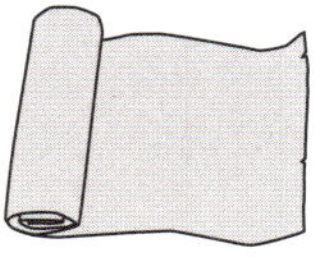	
古代バビロニア	古代エジプト	中世ヨーロッパ

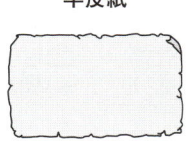

魔導書の材料は古い順に粘土板、パピルス紙と変わり、中世ヨーロッパでは羊皮紙が使われるようになった。

パピルスと羊皮紙の比較

パピルス紙と羊皮紙にはそれぞれ下のような特徴があり、その結果としてヨーロッパでは魔導書の材料に羊皮紙が使われるようになったのである。

パピルス紙

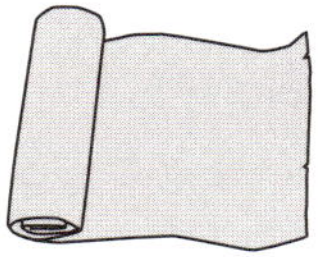

- 植物の茎を薄くはいで縦横に並べて圧縮したもので、紙ではない。
- 折り曲げられない。
- 文章が長くなるときは、紙片を糊でつなげ、棒に巻き付けて巻物にした。

羊皮紙

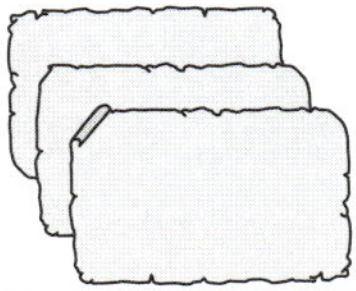

- パピルス紙よりも安く、柔軟。
- 何枚か重ねて綴じることができる。
- キリスト教には羊皮紙に使う動物に関する制限がない。

No.009

魔導書の利用者

Users of grimoires

ヨーロッパにおける魔導書の利用は、まず聖職者に始まり、その後、教師・医師・法律家・軍人などの高度な教育を受けた人々へと広まった。

●魔導書の最大の利用者は聖職者だった

魔導書は本なので、それを利用する者は文字が読み書きできる者が中心だった。だから、ヨーロッパでは女性の利用者は少なかった。ヨーロッパでは20世紀になるまで、女性の識字率は男性より低かったからだ。

最初に魔導書が発展したヘレニズム時代のアレキサンドリアでは学術研究所や図書館も発達していたので、魔導書は一般人にも広まっていた。

しかし、キリスト教会が強力になった3世紀以降の中世ヨーロッパでは学術は聖職者に独占され、キリスト教的になる傾向があった。文字が読めるのも聖職者くらいだったので、魔導書を読み、利用し、書き写したり、作成したりしたのは修道士などの聖職者だった。魔導書が存在する図書館のような場所も、中世ヨーロッパでは修道院くらいしかなかったのである。当然の結果だが、宝探しに夢中になるのも修道士だった。

12世紀ころからは多数の大学が作られ、読み書きできる人が増えたので、教師や学生なども修道士の仲間に加わった。その中には魔導書を作成する者もいた。その後、大卒の学問を持った人々はどんどん増えていったが、16世紀には高度な教育を受けた教師・医師・法律家・軍人などのいろいろな専門家が職業となった。そして、このような人々の中にも魔導書を使う者たちが増えていった。また、近代には魔導書が印刷されて大衆化し、読み書きできる熟練工・商人といった一般人にも広まったのである。

しかし、読み書きできない者は魔導書と完全に無縁というのではない。字の読めない田舎の魔術師が、ただ怪しい雰囲気を出す小道具として魔導書を飾っておくということはよくあった。また、女性の間では、魔導書に書かれている古代の文字や記号を意味がわからないままに書き写し、それを護符として利用することもよく見られる習慣だったのである。

魔導書の利用者の広がり

魔導書の利用者 ＝ 読み書きできる者

中世初期
修道士など聖職者

12世紀ごろ
教師・大学生など

16世紀ごろ
高度な教育を受けた教師・医師・法律家・軍人など

近代
熟練工・商人など一般人へ

時代が進み、教育が広まるにつれ、魔導書の利用者も増えていったのである。しかし、読み書きできない者も魔導書を利用することはあった。

読み書きできない人の場合

田舎の魔術師

怪しい雰囲気を出す小道具として部屋に飾った。

字の読めない女性

魔導書にある古代文字や記号を書き写して護符として利用した。

このように字が読めなくても魔導書を利用することはできた。

No.010

魔術師はみな魔導書を使ったのか?

Did all magicians use grimoires?

数多い魔術師の中でもとくに悪魔や霊を召喚するコンジュレーションと呼ばれる種類の魔術を使う魔術師たちが魔導書の利用者だった。

●コンジュレーション魔術に不可欠な魔導書

魔導書には魔術の方法が書かれているが、すべての魔術師が魔導書を必要としたわけではない。

たとえば、中世ヨーロッパの村には病気治療を主な仕事とする民間の魔術師がいた。彼らは口伝によって伝えられた古くからの伝統的魔術を行ったので、文字で書かれた本は必要なかった。また、文字が読めない魔術師が多かった。ルネサンス時代には古代の魔術的思想がもてはやされ、魔術の知的探求が盛んになった。そして、フィチーノ、アグリッパ、ピコ・デラ・ミンドラなどが活躍した。しかし、彼らの魔術は自然魔術や純粋な天体魔術であって、自然界に宿る魔力とか星の影響などを探求するもので、魔導書を必要とする魔術ではなかった。

では、どんな魔術師が魔導書を必要としたかというと、それはコンジュレーションと呼ばれる魔術の実践者だった。これは古代ギリシア・ローマ時代から信じられていた精霊を呼び出す魔術で、超自然的な精霊を呼び出し、その力を自分の欲望実現に利用できるというものである。この魔術は適切な儀式を行う必要があるので、儀式魔術とも呼ばれた。適切な儀式とは、それこそまさに魔導書のテーマとなっているもので、断食や祈りの儀式、地面に描く魔法円、呪文、聖水、ロウソク、剣、魔法杖、メダル類などを正しく使用することである。

この種の魔術は古くから存在するものだが、ルネサンス期に隆盛した魔術思想の影響を受け、一気に盛んになり、『ソロモン王の鍵』、『ホノリウス教皇の魔導書』、『オカルト哲学 第4の書』などの様々な魔導書が登場することになった。そして、このような儀式が教育のある知識人にも教育のない人々の間にも広まり、多くの自称魔術師が誕生したのである。

魔導書を使った魔術師

魔導書が必要な魔術 → 霊を召喚するコンジュレーション魔術。

ルネサンス魔術の魔術師

病気治療の民間の魔術師

コンジュレーション魔術の魔術師

! 魔術の中でもコンジュレーション魔術を行う魔術師が魔導書を必要とした。

コンジュレーションとは？

コンジュレーションとは？

古代ギリシア・ローマ時代から信じられた魔術

▼

適切な儀式で超自然的な精霊を呼び出し、その力を地上的目的のために用いる魔術。

この適切な儀式の手順に、魔法円、魔法杖、聖水、呪文、断食などが含まれるので、どうしても魔導書が必要になるのだ。

No.011

印刷本と手書き写本

Printed or hand-written copy

印刷された魔導書が大量に出回るようになっても、印刷された本には手書き写本が持っているはずの魔力がないと信じられていた。

●印刷本より写本の方が魔力が大きい

ヨーロッパでは15世紀に印刷技術が誕生し、16世紀ころからは印刷された魔導書が次々と出回るようになった。

ところが、近代初期の時代には昔からある写本の方が印刷本よりはるかに多かったばかりか、新しい手書き写本が次々と作られていた。印刷された魔導書をもとに、写本が作られることも多かった。

その理由の1つは、印刷された魔導書よりもそれを読みたい人間の方が数が多かったということだ。大量の写本がなければ需要が満たされなかったのである。しかし、理由はそれだけではなかった。実は、印刷された本には魔導書が本来持っているはずの魔力がないと考えられていたのである。印刷された魔導書はそれ自体が魔力を持つのではなく、魔術を記録したものにすぎないということだ。

古代から人々は文字そのものに魔力があると信じていた。読み書きできない人々にしてみれば、人から人に意味を伝える文字というのはそれだけでも神秘的だったからだ。当然、読んだり書いたりする行為も魔術だった。そして、魔導書に関していえば、印刷された文字よりも自分で書いた文字の方がはるかに魔力があると信じられたのである。

そこから、魔術の儀式には自分で書き写した写本が必要であり、1冊ずつ清める必要があるという信念が生まれた。だからこそ、印刷本の時代になっても数多くの写本が作られたのだ。有名な『ソロモン王の鍵』などの魔導書に、羊皮紙の取り方から始めて、魔導書の作り方や、清め方、どんなインクやペンを使えばいいかまでが事細かに書かれているのもこのためなのである。印刷された魔導書の言葉も隠された魔力が劣るわけではなかったので、そうすることで十分な力を発揮できたのである。

印刷本と手書き写本の差

印刷された魔導書 → 手書き写本の持つ魔力がない。

印刷本 ＜ 手書き写本

印刷本	手書き写本
魔力＝小	魔力＝大

↓

ゆえに、印刷本の時代にも多数の写本がつくられた。

写本 ← 印刷本

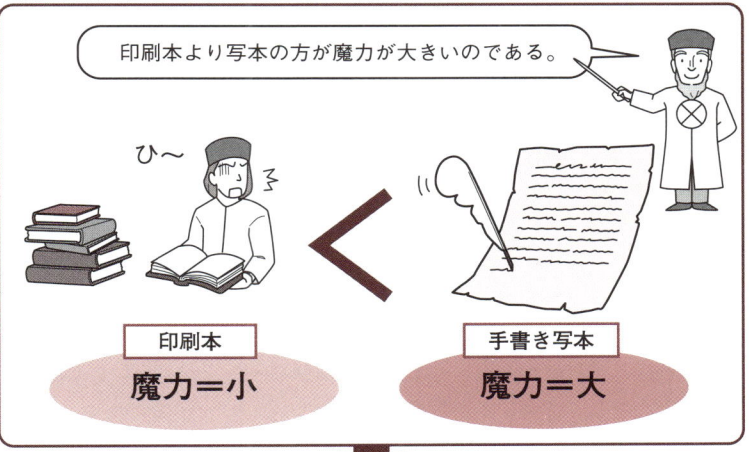

No.012

魔導書の目的

Purposes of grimoire

人々が魔導書を使うのは多くは俗っぽい目的であり、何といっても人気があったのは宝探しと異性の愛を獲得する魔術だった。

●宝探しと愛を獲得するために使われた魔導書

魔導書はいったいどんな目的で使われたのだろうか？　それによって自然の秘密を学ぼうとした人たちがいることは間違いない。しかし、多くの場合、魔導書を使う目的はもっと俗っぽいものだった。

魔導書のテーマとしてとくに人気があったのは宝探しと愛を獲得する魔術だった。現代人には不思議に思えるが、中世はもちろん近代になっても宝探しは盛んに行われており、多くの**トレジャーハンター**たちが魔導書に頼ったのである。また、その時代は恋愛はそんなに自由ではなかったし、自由に性的関係を持てる時代でなかったので、異性の愛を得ることは誰にとっても重大な関心事だった。愛というより、明らかにわいせつ目的で魔導書に頼る者たちも多かった。魔導書には女性を裸にして踊らせる方法とか透明人間になる方法などが説明されていることがあるが、それはあきらかにわいせつ目的の魔術といっていいのである。

貴族にとっては政治力に関したことも重要な関心事だった。それで、高位の人の愛顧を得たり、敵の陰謀を暴いたりする方法なども魔導書のテーマとなった。

泥棒の探索も魔導書を使う大きな目的だった。現代と違い、盗まれた物を取り返す方法など魔術くらいしかなかったからだ。この魔術は被害者が魔術師に犯人探索を依頼したと公言することで一層大きな効果を発揮したという。それを知った犯人は恐怖心を抱き、自白したり、密かに盗んだものを返したりすることがあったからだ。

このほかにも魔導書には失踪者の探索、事故を防ぐ、疲れずに長旅をする、博打に勝つ、詐欺を成功させるなどの方法が書かれていることもあった。つまり、当たり前の人間が望むことがそこにあったのである。

魔導書は何に使う？

魔導書の利用目的 → 非常に俗っぽい目的に使われた。

用語解説

●**トレジャーハンター**→一攫千金を狙って宝さがしに夢中になった人々のこと。中世や近代初期のヨーロッパでは埋蔵された宝があると信じる人は多く、トレジャーハンターがたくさん実在していた。

No.013

トレジャーハンターと魔導書

Treasure hunters and Grimoire

中世や近代初期の時代のヨーロッパ人は田舎には宝物がたくさん埋まっていると信じており、一攫千金を求めて宝探しに夢中になった。

●活発に活動していたトレジャーハンター

15世紀の印刷技術の発明によって、魔導書も大量に出回るようになったが、そこでとくに人気を得たのは宝探しに役立つものだった。『ソロモン王の鍵』、『大奥義書』、『黒い雌鳥』、『ホノリウス教皇の魔導書』、『小アルベール』、『聖キプリアヌスの書』、『モーセ第6、第7書』など有名なものはみな宝探しに役立つという評判があった。

これには理由がある。中世や近代初期には、ヨーロッパの人々は田舎には埋蔵された宝物がいっぱいあると信じていたのだ。そして、これは大事なことだが、その幻想はまんざら嘘ではなかった。現代のような預金制度がなかった時代には、資産家たちが貴重品を箱に入れて地中に埋めておくのは普通のことだった。ひょんなことからそれが発見されるということも珍しいことではなかった。伝統的に宝物は廃墟となった修道院や城、小高い丘、古い塚などにあると考えられた。それで、今ならば株式投資に熱中するような人々が、一攫千金を求め、ときにはチームを組んで、宝探しに出かけたのである。

しかし、宝探しというのは発見しさえすればいいという単純なものではなかった。宝物は霊や悪魔に守られているというのが古くからの信仰だった。その宝物を手に入れるには、霊や悪魔を意のままに操る必要があった。だから、トレジャーハンターたちは自分で魔導書を使ったり、専門の魔術師に頼ったりすることが多かったのだ。

ところで、宝探し自体は犯罪的なことではなかった。しかし、魔導書を使ったら犯罪だった。それは悪魔的魔術であり、その時代のキリスト教会が敵視するところだったからだ。このため、ヨーロッパ各地で魔導書を使ったトレジャーハンターが逮捕されるという事件がよく起こったのである。

魔導書のテーマ

宝探し → 最も人々をひきつけた魔導書のテーマ。

その証拠に有名になった魔導書の多くが宝探しに役立つという評判のものだったのだ。

『ソロモン王の鍵』　『大奥義書』
『黒い雌鳥』　『ホノリウス教皇の魔導書』
『小アルベール』　『聖キプリアヌスの書』
『モーセ第6、第7書』　など

→ どれも宝探しに役立つと評判だった。

宝探しになぜ魔導書が必要か？

古い信仰

宝物は霊や悪魔に守られている

↓

宝物を手に入れるには霊や悪魔を意のままに操る必要がある。

↓

だから、どうしても魔導書が必要なのである。

No.014

伝説的な魔導書作者

Legendary authors of grimoires

魔導書の現実の作者は様々な理由から自分の名を隠し、旧約聖書の聖人や英雄、過去の偉大な学者、有名な聖職者などの名で魔導書を発表した。

●作者名には聖書の聖人や噂の魔術師の名が使われた

ヘレニズム時代のエジプトはもちろん、中世のヨーロッパでも、魔導書を実際に書いた人々は、それに自分の名前を付けて発表することはなかった。そんなことをすれば、時の権力に弾圧される可能性が高かったからだ。また、魔導書の読者もどこの誰だかわからない作者の本を読みたいとは思っていなかったのである。

そこで実際の魔導書作者たちは、自分の書いた本の題名に、過去に存在した伝説的な魔術師や聖人の名前を使うことになった。そうすれば、自分も安全だし、本の価値も高まるからである。

ユダヤ・キリスト教の世界でいえば、魔導書の作者としてよく使われたのは旧約聖書に登場する聖人の名前だった。たとえば、聖書の中でも一、二を争う聖人であり、本の発明者ともいわれるエノク、奴隷状態だったユダヤ人をエジプトから脱出させた英雄モーセ、ユダヤ王国の最盛期を築いたソロモン王などがそうだ。

偉大な学者も魔導書作者にされた。古代ギリシアの哲学者アリストテレス、中世の大学者アルベルトゥス・マグヌスなどである。

中世ヨーロッパでは魔導書の最大の利用者は聖職者だったので、聖職者が魔導書を書いたといわれることも多くなった。ローマ法王だったレオ3世（750ころ～816）やホノリウス3世（1148～1227）などがその代表である。16世紀になるとプロテスタントの宗教改革派の人々がカトリックの法王を攻撃するために魔術を使う法王の話をなおさら誇大に吹聴したので、魔術を使ったとされる法王の数はどんどん増えていった。

このほか魔術的な事柄を研究した学者などもしばしば魔導書作者だといわれることがあった。その代表はアバノのピエトロやアグリッパである。

伝説的な魔導書の作者たち

魔導書の作者名 → 伝説的な過去の有名人の名が付けられた。

本名で発表すると弾圧される可能性もあったし、有名な名前でないと誰も読んでくれないからだ。

？ よく使われた名前は？

エノク
ソロモン王
アリストテレス
アルベルトゥス・マグヌス
モーセ
ホノリウス教皇
アグリッパ
アバノのピエトロ

↓

聖書の聖人・英雄・王
古代の哲学者・中世の大学者
聖職者・法王・魔術研究者など

No.015

エノク

Enoch

聖書の聖人エノクは本の発明者ともいわれ、天界を旅して秘密の知識を得たという伝説の持ち主であり、書物や魔導書と縁の深い人物だった。

●本を発明し、堕天使のリストを作る

中世ヨーロッパでは、本を発明したのはエノクだと信じられていた。だから、エノクは魔導書の歴史にとって欠かすことのできない人物である。

エノクは聖書に登場する人物の中でも一、二を争う聖人である。聖書には「エノクは神と共に歩み、神が取られたのでいなくなった」と記されている。あくまでも「神が取られた」ので、「死んだ」のではない点が重要である。ここから、神に愛されたエノクは生きながら天界に連れていかれたという伝説が生まれた。旧約聖書偽典『エチオピア語エノク書』もそのような伝説をもとにしており、天に連れて行かれたエノクは天使たちの案内で天国や地獄を見て回り、宇宙の仕組みやこの世の終末までの歴史について説明を受けたとされている。つまり、エノクは誰も知らない秘密の知識を得たのである。また、この書には天使たちの一部が地上に降りて堕天使となったいきさつも語られており、堕天使たちのリーダーのリストも挙げられている。このために、後代の様々なグリモワールに登場する堕天使たちのリストがエノクと関係づけられるようになったのである。

エノクの孫であるノアや、ノアの息子であるセムとハムも魔導書と関係が深い。サファイアの石板に書かれたという伝説的な『天使ラジエルの書』は最初アダムに与えられ、エノク、ノアの手を経て、最終的にセムに与えられたとされている。また、ノアといえば箱舟に乗って大洪水を生き延びたことで有名だが、ノアの息子ハムは大洪水の前に邪悪な魔法の数々を金属板に刻んで埋め、洪水の引いた後でそれを掘り出したと伝えられている。そして、これこそ人類最初の魔導書だというのである。ペルシアに興ったゾロアスター教の開祖ゾロアスターは人類最初の魔術師ともいわれるが、このゾロアスターは実はハムだったという伝承もある。

エノクと魔導書

エノク

- 聖書の中で一、二を争う聖人。
- 本の発明者といわれる。
- 天界旅行で得た秘密の知識を書き残した。

↓

いろいろな伝説が生まれる

・エノクのひ孫のハムが人類で初めて魔術を記録した。
・ハムはゾロアスターその人だった。

エノクは神秘学と深く結び付いていたので、その一族も魔導書と関係があると考えられたのだ。

『天使ラジエルの書』

カバラ主義者の伝承によれば、大天使ラジエルはこの世のすべての秘密を知っており、その知識をサファイアでできた1冊の書にまとめた。これが“ラジエルの書”だった。しかし、ラジエルがこの書をエデンの園を追放された人類の祖アダムに授けたところ、多くの天使たちが嫉妬した。天使でも知らない秘密の知識を人類に与えてしまったのが我慢ならなかったからだ。天使たちはアダムの手からこの書を奪い、海に投げ捨てた。だが、これを見た神は海の悪魔ラハブに、これを探し出して人類に返却するよう命じた。“ラジエルの書”は、再び人間の手に戻った。そしてアダムは“ラジエルの書”を人類の宝として子孫に伝えることにした。

こうして、この書はアダムの子孫に伝えられ、エノク、ノア、ソロモンなどの手に渡っていった。彼らはこの書から多くを学んだ。ノアが大洪水の前に箱舟の作り方を学ぶことができたのも、ソロモンが数々の魔法を使うことができるようになったのも、実は“ラジエルの書”を読んだおかげなのだという。

No.016

モーセ

Moses

いくつもの奇跡を起こした「出エジプト記」の英雄モーセは神から特別な秘密の知識を授かり、それを魔導書に書き遺したのだという。

●神から秘密の知識を授けられたモーセ

モーセは旧約聖書に登場する、古代ユダヤの英雄である。歴史的には紀元前13世紀ころの人である。

旧約聖書の『出エジプト記』にはこんな話がある。そのころ、ヘブライ人たちはエジプトで奴隷として使われていたが、モーセは彼らをエジプトから脱出させるために、川の水を血に変えたり、エジプト全土をイナゴに襲わせたり、雹を降らせて農作物を壊滅させたり、海を2つに割ったりと、まったく魔術としか見えないような奇跡を起こした。

有名な「十戒」の書かれた石板と律法をシナイ山上で神から授けられたのもモーセである。それで人々は、旧約聖書の最初の5書（創世記、出エジプト記、レビ記、民数記、申命記）は神から授けられた律法をモーセ自身が書き残したものと信じるようになった。だから、これらの書はモーセ5書と呼ばれるのである。

これらの聖書の記述や伝説をもとに、さらに新しい伝説が生まれることになった。モーセは十戒やモーセ5書に書かれていること以外にも、特別な秘密の知識を神から授かり、それを魔導書の形で書き遺したというのだ。

モーセが魔導書を書いたという伝説は4世紀にはすでに存在していたようだ。パピルス紙に書かれた当時の古文書に、『モーセの隠された書』、『モーセ第8の書』というタイトルのものがある。そしてその中には、『モーセの鍵』、『モーセの秘密の月の書』といった本も存在していたと記述されているのだ。その時代から、魔導書作者としてのモーセは相当に有名だったことがわかるはずだ。18世紀になって、『モーセ第6、第7書』、『モーセ第8、第9、第10書』といった魔導書が登場するのも、このような伝説があったからなのである。

モーセと魔導書

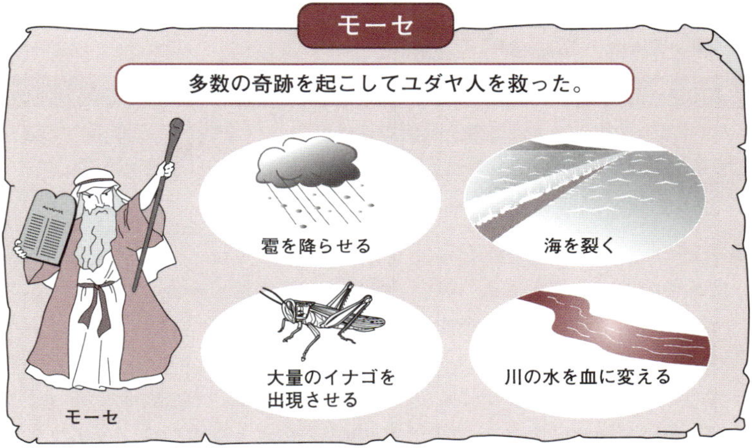
モーセ
多数の奇跡を起こしてユダヤ人を救った。
雹を降らせる
海を裂く
大量のイナゴを
出現させる
川の水を血に変える
モーセ

モーセは聖書の中でたくさんの奇跡を起こしたので、神から秘密の知識を得て、たくさんの魔導書を書いたと信じられるようになったのだ。

聖書の英雄モーセは神から知識を得て10の書を書いた

旧約聖書の最初にある5書「モーセ5書」

『創世記』　『出エジプト記』　『レビ記』

『民数記』　『申命記』

＋

魔導書

『モーセ第6、第7書』　『モーセ第8、第9、第10書』

＋

この他に『モーセの隠された書』、『モーセの鍵』、『モーセの秘密の月の書』などの魔導書もあったという。

No.017

ソロモン王

King Solomon

旧約聖書の中で神から知恵と見識を授けられたソロモン王は神秘的知識にも通じていたと信じられ、伝説的魔導書作者としての地位を確立した。

●魔法の指輪で悪魔を支配した王

魔導書の中でも最も人気の高い『ソロモン王の鍵』の著者だとされるソロモン王は、伝説的な魔導書作者の中でも別格の存在である。

イスラエル王国第3代国王（在位紀元前965～925）のソロモン王はダビデの息子であり、豪壮な神殿や宮殿を建築し、王国の最盛期を築いたことで知られている。旧約聖書の中で、神から知恵と見識を授けられたとされているほど知恵者であったことでも有名である。

そのため、ソロモン王は非常に古くから神秘的な知識にも通じていたと信じられるようになった。1世紀にはユダヤ人の歴史家ヨセフスが、ソロモン王は3千冊の本を書き、魔導書も書いたと記しているほどである。

1～5世紀ころにはソロモン王が書いたという『ソロモン王の遺言』という本が作られ、次のような物語を広めた。ソロモン王が神殿を建築したとき、悪魔たちの妨害にあい、職人たちが苦しめられた。このとき神の命令で天使ミカエルが悪魔を縛る力を秘めた魔法の指輪を持ってきた。この指輪のおかげでソロモン王はベルゼブブやアスモデウスだけでなく、36デカンの悪魔などを支配下に置いた。そして、驚くべき速度で神殿を完成させたというのだ。しかも、『ソロモン王の遺言』にはソロモン王が支配した多数の悪魔の特徴やそれを封じるための呪文なども記されているのだ。このため、この本はある種の教訓を含んだ宗教書だったにもかかわらず、多くの人々によってソロモン王が書いた魔導書として読まれたのである。

こうして、ソロモン王は伝説的魔導書作者としての地位を確立したといっていい。中世になってもソロモン王の名を冠した魔導書が次々と書かれたのである。13世紀の大学者アルベルトゥス・マグヌスによれば、ソロモン王が書いたという魔導書がその時代に5冊出回っていたという。

ソロモン王の伝説

ソロモン王

イスラエル王国第3代国王
（在位紀元前965～925）

15世紀の物語『ベリアルの裁判』
の挿画のソロモン王（左）。

伝説によれば…

神から知恵と見識を授けられた。

生涯に3000冊の本を書いた。

↓

とくに有名な伝説的魔導書
作者となった。

ソロモン王が使役したという36デカンの悪魔

1	ルアクス
2	バルサファエル
3	アロトサエル
4	イウダル
5	記載なし
6	スフェドナエル
7	スファンドル
8	ベルベル
9	クルタエル
10	メタシアクス
11	カタニコタエル
12	サファソラエル
13	ボベル
14	クメアテル
15	ロエレド
16	アトラクス
17	イエロパエル
18	ブルドゥメク
19	ナオト
20	マルデロ
21	アラト
22	記載なし
23	ネフサダ
24	アクトン
25	アナトレト
26	エネヌト
27	フェト
28	ハルパクス
29	アノステル
30	アレボリト
31	ヘフェシミレト
32	イクシオン
33	アグコニオン
34	アウトシト
35	フセノト
36	ビアナキト

No.018

聖キプリアヌス

St. Cyprianus

18世紀のデンマークとノルウェーではほとんどの魔導書に、4世紀に殉教した伝説の聖人キプリアヌスの名前が冠されていた。

●スペインや北欧で人気のあった魔導書作者

18～19世紀のトレジャーハンターたちの間で人気の高かった魔導書にはよく**アンティオキア**の聖キプリアヌスの名が使われていた。たとえば、19世紀のスペインでは秘宝リスト付きの『聖キプリアヌスの書』が出版され、大衆の人気を得ていた。また、18世紀のデンマークとノルウェーではほとんどの魔導書が聖キプリアヌス作だった。

ここでいう聖キプリアヌスは、3世紀に実在したカルタゴ司教だった聖キプリアヌスとは全く関係のない伝説上の聖人である。次のような伝説がある。シリアのアンティオキアのキプリアヌスは子供のころアポロン神を信仰し、ミトラ教を学んだ。さらに、エジプトやバビロニアを遍歴し、あらゆる秘教を身につけて帰国し、異教徒から偉大な魔術師と讃えられるようになった。彼は最高のダイモーン（霊の一種）と結び、様々な精霊を駆使することができたからだ。しかし、あるときこんなことがあった。1人の男がやってきて、魔術を使ってある女性を手に入れられるようにしてほしいとキプリアヌスに依頼したのだ。その女性はジャスタという敬虔なキリスト教徒の処女だった。キプリアヌスはすぐにも魔導書を使って悪魔を呼び出したが、キリストへの信仰で武装している彼女には悪魔の力はおよばなかった。さらに強力な悪魔を呼び出しても駄目だった。このためキプリアヌスはついに十字架以上のものはないと悟り、自らの罪を悔いて改宗した。そして、その後有徳の司祭となり、304年のディオクレティアヌス帝の迫害にあい、殉教したのである。

こうして伝説となったことで、中東では非常に古くからキプリアヌスが作ったという呪文や護符が広まった。そして、18世紀後半になってキプリアヌス作という魔導書がヨーロッパに広まるようになったのである。

聖人キプリアヌスが書いたという魔導書

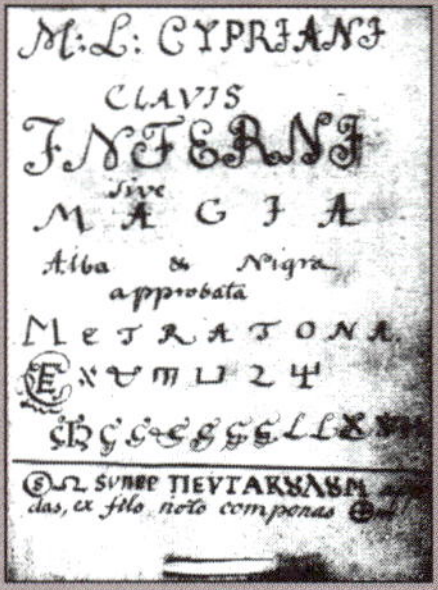

聖キプリアヌスの魔導書

- 18～19世紀。スペインや北欧のトレジャーハンターに大人気。
- 北欧ではほとんどの魔導書が聖キプリアヌス作だった。

◀18世紀終りごろのラテン語版『聖キプリアヌスの魔導書』のタイトルページ。

キプリアヌスとは？

キプリアヌスは様々な精霊を駆使したといわれている。

- シリアのアンティオキアの人。
- カルタゴの司教キプリアヌスとは別人。
- 異教を学び偉大な魔術師になる。

↓

改宗してキリスト教徒になる。

↓

304年の迫害で殉教し、伝説的聖人となる。

↓

中世にキプリアヌスの護符や呪文が広まる。

↓

18世紀にキプリアヌス作の魔導書が流行する

キプリアヌスは殉教して死んだことで聖人となり、魔導書作者としてふさわしい人物と考えられたのである。

用語解説

●**アンティオキア**→3世紀ころのセレウコス朝シリアの首都として繁栄した都市。

No.019

アバノのピエトロ

Peter of Abano (Pietro de Abano)

魔導書『ヘプタメロン』の作者とされているアバノのピエトロは、仲間の嫉妬で魔術師の汚名を着せられた中世イタリアの哲学者だった。

●瓶の中に使い魔を飼っていた魔導書作者

『ヘプタメロン』といえば、16世紀後半に作られた極めて実践的な魔導書として悪名が高いが、その作者とされてしまったのがアバノのピエトロだった。16～17世紀ころのシチリア島に出回っていた『ルキダリウス』という魔導書にも彼の名が冠されていた。

アバノのピエトロ（1250年～1316年）はイタリアの学者で、パドヴァ近郊のアバノという町で生まれた。13世紀後半にパリ大学で学び、学者として名をなした。専門は哲学と医学だったが、その他に人相学や天文学の論文なども多数発表した。しかし、天文学について書いたために異端審問にかけられることになった。彼は特別に魔術について語ったわけではなかったが、彼の名望に嫉妬した同業者仲間が彼を異端として訴えたのである。1回目の裁判では無罪とされたピエトロだが、告訴者たちは諦めず再度訴えた。そうした訴えによれば、彼は瓶の中に7匹の使い魔を飼っており、彼の知識はそれらの使い魔から与えられたものだというのである。この結果、彼は2度目の異端審問で死刑を宣告された。しかし、彼は死刑執行日より前に死に、埋葬されてしまった。刑の執行が中断されたことに裁判所は激怒し、行政官は彼の遺体を掘り出して正式に火炙りの刑に処するように命じた。だが、ピエトロの忠実な召使によって、彼の遺体は密かに掘り出され、別の教会の墓地に埋められた。このため、異端審問所は彼の身代わり人形を火刑にするだけで満足するしかなかったのである。

その後、本来が無罪だったピエトロの名誉は回復され、100年後にはパドヴァの市民ホールに彼の胸像が建てられた。

しかし、魔術師としての彼の伝説は生き残り、200年もたってから魔導書の作者にされてしまったのである。

『ヘプタメロン』の作者

アバノのピエトロ

- 『ヘプタメロン』などの作者とされる。
- 実は魔導書は書いていない。

その真相は？

- アバノ生まれのイタリアの学者。
- 13世紀後半に学者として名をなす。

↓

同業者がその名望に嫉妬して、彼を異端者として告発する。

↓

異端審問所で、死刑判決が下る。

↓

16〜17世紀に魔導書作者にされてしまう。

不運なアバノのピエトロは、このようにして死後200年もしてから、魔導書の作者にされてしまったのである。

No.020

ファウスト博士

Dr. Faust

18世紀ドイツでは、悪魔メフィストフェレスと契約して不幸な死を遂げたという伝説のファウスト博士が書いた魔導書が人気だった。

●魔導書作者として最高の伝説の持ち主

18世紀ドイツの魔導書にはファウスト博士作とされているものが多い。『地獄の威圧』、『偉大にして強力な海の霊』などがファウスト博士作の魔導書として有名である。

16世紀のドイツにヨーハン・ゲオルク・ファウストという人物がいた。彼はポーランドのクラクフ大学で学び、錬金術師としても医師としても一流になった。その後、ドイツのハイデルベルク大学で博士号も取得し、一時は大学で教師となった。だが、自分は最高の錬金術師だと豪語するような傲慢な人物だったので、周囲の人々とうまくいかなかった。彼はヴァーグナーという助手を連れて放浪し、人々に魔術を披露するなどして生活するようになった。そして、最後は落ちぶれてある宿屋の2階で奇怪な死を遂げた。錬金術の実験に失敗したともいわれるが、大爆発で身体がバラバラになってしまったのだ。そして、その死に方があまりに奇怪だったので、すぐにも悪い噂が立った。ファウストは悪魔と契約していたが、ついにその契約期限がきたというのだ。こうして、実在のファウストの死から間もなく、ファウスト博士の伝説が生まれた。悪魔メフィストフェレスと契約し、25年間も楽しい生活を送った後で、奇怪な死を遂げるという話だ。

18世紀ころには、この伝説は大人気だった。ファウスト博士はヴィッテンベルク近郊の森でメフィストフェレスを呼び出したが、このためにヴィッテンベルクはドイツ国内での魔術の中心地と考えられたほどだ。だから、ファウスト博士は魔導書の作者としてうってつけだったのである。この伝説をヒントにして戯曲『ファウスト』を書いたヨハン・ウォルフガング・フォン・ゲーテ（1749～1832）もファウスト博士作の魔導書『地獄の威圧』を所有していたといわれる。

ファウスト博士の魔導書

ファウスト博士作の魔導書

- 『地獄の威圧』、『偉大にして強力な海の霊』など。
- 18世紀のドイツで人気。

ファウスト博士とは？

本名 ヨーハン・ゲオルク・ファウスト

- 16世紀の実在の錬金術師。
- 奇怪な死を遂げて伝説になる。

↓

ファウスト博士の伝説

悪魔を呼び出すファウスト博士

- 悪魔メフィストフェレスと契約する。
- 25年間、楽しい生活を送る。
- 契約期間が終わり、悪魔に魂を奪われ、奇怪な死を遂げる。

↓

いくつもの魔導書がファウスト博士の名で発表される。

悪魔と契約したファウスト博士は魔導書の作者としてうってつけだったのである。

召喚魔術と喚起魔術

自分の願望を実現する目的で天使や精霊を呼び出す魔術をコンジュレーションという。これは古代ギリシア・ローマ時代からある伝統的な魔術で、適切な儀式を行うことで、天使や精霊と出会い、彼らの天上的な力を地上的な目的に利用できるというものである。そして、本書でも述べたとおり、このコンジュレーション魔術こそ、魔導書を必要とする魔術である。

ところで、魔術に興味のある読者の中には、コンジュレーションには召喚（英語でinvocation）と喚起（英語でevocation）の2種類があると、どこかで聞いたことがある人がいるかもしれない。そして、『ソロモン王の鍵』などの魔導書がこれらを区別していないことを不思議に思われたかもしれない。

これにはもちろんわけがある。『ソロモン王の鍵』に代表されるような、近代初期以前の魔術では、召喚と喚起は特に区別されていなかったからだ。その時代には、これらの言葉はどちらもほとんど同じ意味で、つまり天使や精霊を呼び出すという意味で使われていたのである。

実は、召喚と喚起の区別は、19世紀末に設立された黄金の夜明け団の魔術において主張されたことなのである。たとえば、アレイスター・クロウリーは『魔術―理論と実践』の中でいっている。「喚起する（evoke）のが呼び出すことであるのと同様、召喚する（invoke）とは呼び入れることである。…（中略）…人は〈神〉を〈円環〉へと召喚（invoke）し、〈霊〉を〈三角形〉へと喚起（evoke）するのである。」と。

つまり、召喚とは霊を自分自身の内部に呼び出すことであり、喚起とは霊を自分の外部（目の前）に呼び出すことなのである。

したがって、喚起する霊と召喚する霊では、同じ霊でも全く種類が異なっている。悪魔を召喚し、自分の中に呼び出したりしたら、たちまち悪魔に取りつかれてしまうからだ。クロウリーも言っている通り、召喚する相手は神でなければならない。つまり、召喚することで人は神と一体化するのである。それ以外の悪魔を含む様々な霊の場合は、自分の外部に呼び出すので、喚起が行われるのである。

クロウリーが神を〈円環〉へ、霊を〈三角形〉へといっているのは、『ソロモン王の小さな鍵』にあるソロモン王の魔法円を見ればすぐに理解できるだろう。その魔法円には円と三角形があるが、円はその中に術者が立つためにあり、三角形は霊を呼び出して閉じ込める場所だからである。

こうして、黄金の夜明け団の魔術によって召喚と喚起が区別されたことで、召喚と喚起は別なものだという考えが広まったのである。

第2章
『ソロモン王の鍵』徹底解説

No.021

ソロモン王の鍵

The key of Solomon the king (Clavicula Salomonis)

数多い魔導書の中で最も人気が高く、最も長く読まれ続けた『ソロモン王の鍵』は後代の魔導書にも多大な影響を与えた。

●魔導書の中の最高の魔導書

『ソロモン王の鍵』(**『ソロモン王の大きな鍵』**とも呼ばれる)は数多い魔導書の中でも特別な存在である。「ソロモン王の」となっているように、伝説によれば、この本はソロモン王が書いたものである。もちろんそれはあくまでも伝説で、歴史的には14、15世紀ころに作られたのだろうと推定されている。15世紀にはギリシア語で書かれたものが存在しており、16世紀にはラテン語やイタリア語に翻訳されるようになった。

1559年、ローマ教皇パウルス4世によって発行された『禁書目録』の中で、『ソロモン王の鍵』は邪悪な本の代表格として扱われた。しかし、人気が衰えるということはなかった。それどころか、特別な禁書となったことでかえってこの本の人気は高まり、近代初頭のイタリアでは『ソロモン王の鍵』が大ヒット作となったのだ。その後、『ソロモン王の鍵』はヨーロッパじゅうで読まれるようになったが、その当時のベニスには、イタリア語、ラテン語、フランス語、英語、ドイツ語などで書かれた『ソロモン王の鍵』があったという。こうして、『ソロモン王の鍵』は大勢の人々に読まれ、ヨーロッパで最も有名な魔導書になったのである。

こんな有名な魔導書だから、その他の魔導書にも大きな影響を与えた。ルネサンスから近代初期の時代にかけてヨーロッパでは数多くの魔導書が作られたが、その多くが『ソロモン王の鍵』の影響を受けて作られたと考えられる。『レメゲトン』(『ソロモン王の小さな鍵』)はもちろんのこと、『大奥義書』、『小アルベール』、『黒い雌鳥』、『ホノリウス教皇の魔導書』などがそうだ。これら有名な魔導書の中に、『ソロモン王の鍵』の影響が見て取れるのである。したがって、『ソロモン王の鍵』は魔導書時代の先駆けであると同時に、最高の魔導書といえるものなのである。

特別な魔導書『ソロモン王の鍵』の歴史

ソロモン王の鍵 → 数多い魔導書の中でも特別な存在！

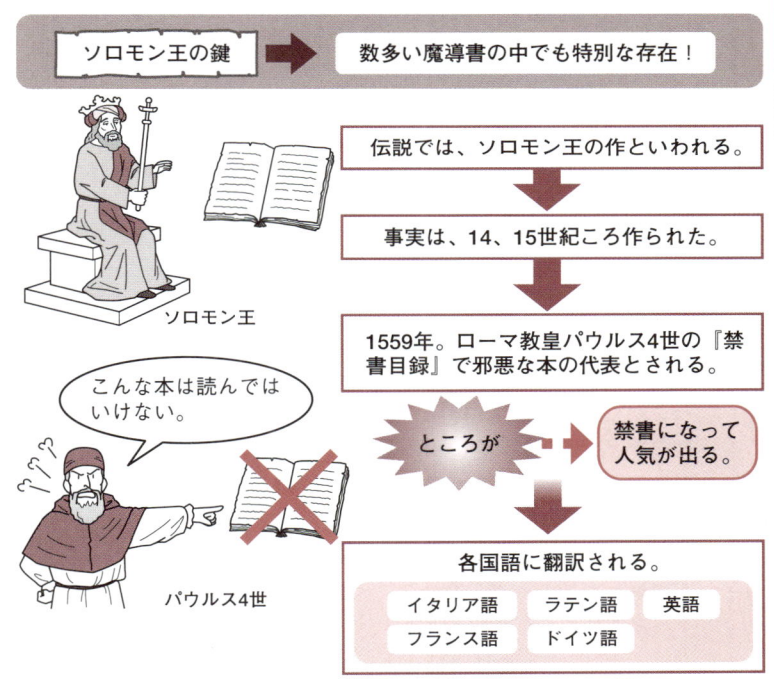

ソロモン王

伝説では、ソロモン王の作といわれる。

↓

事実は、14、15世紀ころ作られた。

↓

1559年。ローマ教皇パウルス4世の『禁書目録』で邪悪な本の代表とされる。

こんな本は読んではいけない。
パウルス4世

ところが → 禁書になって人気が出る。

↓

各国語に翻訳される。

イタリア語　ラテン語　英語
フランス語　ドイツ語

『ソロモン王の鍵』の影響下に作られた魔導書

ソロモン王の鍵

→

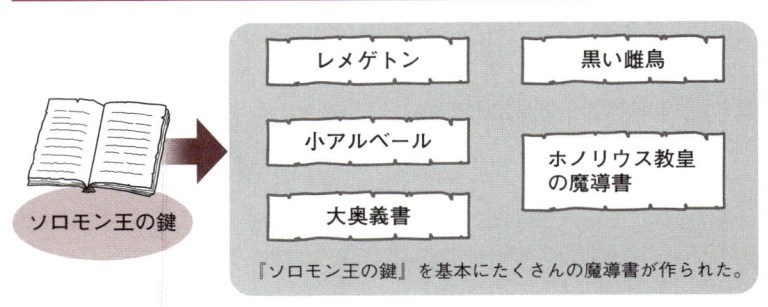

- レメゲトン
- 黒い雌鳥
- 小アルベール
- ホノリウス教皇の魔導書
- 大奥義書

『ソロモン王の鍵』を基本にたくさんの魔導書が作られた。

用語解説

●**ソロモン王の大きな鍵**→『ソロモン王の小さな鍵』と区別するために、こう呼ばれることがある。

No.022

『ソロモン王の鍵』の内容

Contents of “Key of Solomon”

宇宙に存在するおびただしい数の霊たちをいかに操り、願望をかなえるか。『ソロモン王の鍵』にはそのための方法が具体的に記されていた。

●悪魔だけでなくすべての霊を対象とした魔導書

『**ソロモン王の鍵**』の考え方は、魔術は基本的に神の力によるのであって、神に祈ることでさまざまな霊に働きかけるというものである。

とにかくこの世界にはおびただしい数の霊がおり、さまざまなものを司っているのである。たとえば、当時は宇宙には第1天から第10天まであるとされたが、そのそれぞれを複数の霊が担当している。四大元素のそれぞれを担当する霊たちもいる。さらに、人間一人ひとりにも霊たちが割り当てられている。

こうした霊たちに働きかけて自分の願望を達成するのが魔術であり、『ソロモン王の鍵』にはそのためにはどうすればいいかが書かれているのだ。つまり、魔術を行うのに必要な道具や材料、占星術的に適切な時間、さまざまなペンタクル（護符や魔よけ）のシンボル、呪文などに関する事柄が詳しく書かれているのである。

本は2巻構成になっており、第1巻は具体的な魔術の方法がテーマとなっている。ここではごく一般的な基本となる魔術の手順と、特別な目的ごとに異なる魔術の手順が説明されている。特別な目的としては、「盗まれた物を見つけ出す」、「姿を見えなくする」、「賢者から欲しい知識を引き出す」、「霊たちが所有する財宝の支配者になる」、「好感や愛を得る」といったことが取り上げられている。

第2巻は、魔術の準備作業がテーマである。つまり、魔術を行うために気をつけるべきこと、身の清め方、犠牲の捧げ方、様々な魔道具の作り方などを説明している。その特徴は、羊皮紙やインクの作り方など、他の魔導書では見つけにくいことも詳しく説明されているということだ。だからこそ、『ソロモン王の鍵』は絶対不可欠な魔導書となっているのだ。

『ソロモン王の鍵』の魔術

ソロモン王の鍵

神に祈ることで霊を動かし、願望を実現する魔術。そのために必要な魔道具や呪文などが詳しく書かれている。

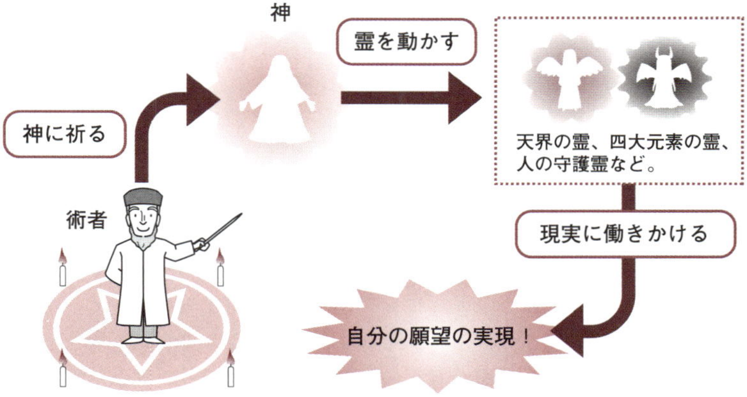
神
霊を動かす
神に祈る
天界の霊、四大元素の霊、人の守護霊など。
術者
現実に働きかける
自分の願望の実現！

『ソロモン王の鍵』の構成

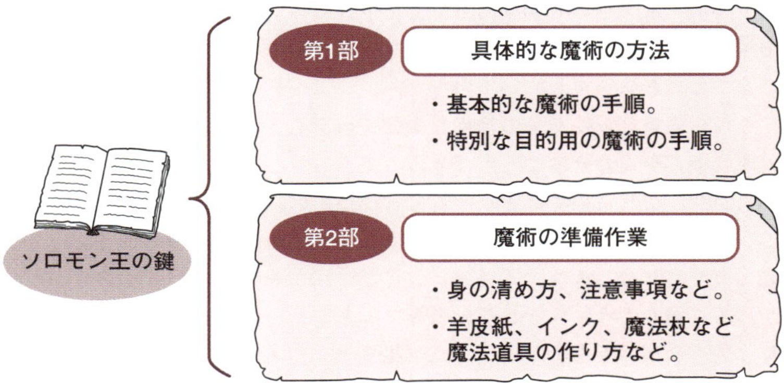
ソロモン王の鍵
第1部
具体的な魔術の方法
・基本的な魔術の手順。
・特別な目的用の魔術の手順。
第2部
魔術の準備作業
・身の清め方、注意事項など。
・羊皮紙、インク、魔法杖など
魔法道具の作り方など。

用語解説

●**ソロモン王の鍵→**無数にある写本ごとに内容は異なっている。ここではマグレガー・メイザース版の『ソロモン王の鍵』を参考にしている（p.182参照）。

No.023

魔術の原理

The Principles of Magic

霊たちの好みを熟知し、霊たちを引き付ければ、彼らを操ることも不可能ではない。それが『ソロモン王の鍵』の魔術の原理である。

●魔導書『ソロモン王の鍵』が必要なわけ

『ソロモン王の鍵』の冒頭には、ソロモン王が息子レハベアムに語るという形式で、次のようなことが書かれている。

すべてを創造した万能の神は人間が完全なものであることを望んでいる。そのために、神は人間を神的かつ物質的なものとして、つまり肉体は粗野で地上的だが、魂は霊的で天上的なものとして創った。それゆえ、人間は地上の霊も天上の天使も服従させることができるのである。

そのために大事なことは神の栄光のために働くことである。

霊や天使には様々な種類がある。霊や天使たちは彼らが何を支配しているかで区別されている。たとえば、至高天の天使、原動天の天使、水晶天の天使、7惑星の天使たちがいる。四大元素のそれぞれにも天使たちがいる。火・空気・水・土の天使である。また、神はわれわれ一人ひとりにも天使を派遣していることを忘れてはいけない。彼らは私たちが正しく行動しているかどうかを監視しているのだ。

これらの霊と天使たちの性格および彼らを引き付ける方法を知ることで、人間は彼らを従わせることができるのである。

しかし、これらの霊はそれぞれに呼び出すのにふさわしい日と時間がある。そのとき彼らは最高の力を発揮するのだ。それゆえ、それぞれの天体・霊・天使ごとに、それにふさわしい日と時間がいつなのか知っておく必要がある。同じように、それぞれの霊にふさわしい様々な事柄がある。つまり、色、金属、薬草、植物、水に住む動物、空を飛ぶ動物、地上の動物、お香、方角、呪文、印章、図形、神聖な文字。こうしたもののパワーが総合されて、霊と天使たちを動かすのである。だから、この書『ソロモン王の鍵』に書かれていることをよく知らなければならないのである。

人間が霊を操れるわけ

神によって、人間は神的かつ物質的に作られたがゆえに、天上の霊も地上の霊も操ることが可能となる。

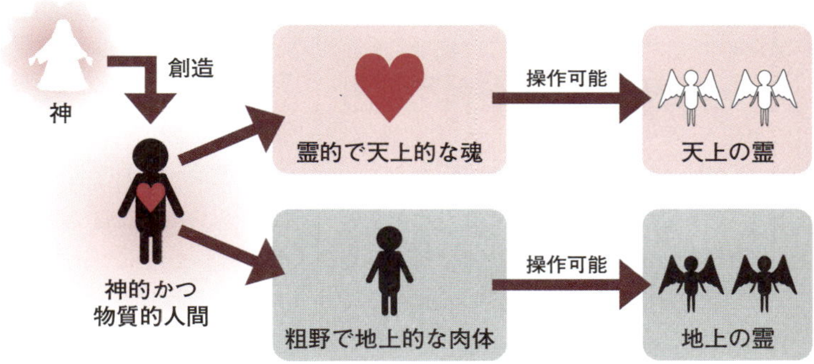

神
創造
神的かつ
物質的人間
霊的で天上的な魂
操作可能
天上の霊
粗野で地上的な肉体
操作可能
地上の霊

霊を操る原理

霊をひきつける方法がわかれば、霊を操ることができる。そして、そのすべてが『ソロモン王の鍵』に書かれているという。

霊にふさわしいもののパワーの総合
様々な霊たち
霊よ、現れたまえ！
私を呼んだか。
霊を引き付ければ、従わせることができる。

霊にふさわしいもの
時間や日、色、金属、薬草、植物、水に住む動物、空を飛ぶ動物、地上の動物、お香、方角、呪文、印章、図形、神聖な文字など。
すべてが『ソロモン王の鍵』に書かれている。

No.024

惑星が支配する日と時間

Planetary hours and days

惑星の支配は魔術の内容にまで影響するので、魔術を行う者は惑星と曜日と１日の時間の関係を忘れないように、表にしておくべきである。

●曜日と時間は惑星の支配下にある

『ソロモン王の鍵』では惑星の力は非常に大きく、曜日や1日の時間を支配しており、魔術の内容によってそれを実践すべき曜日や時間が決まってくると考えている。したがって、魔術を行う者は惑星と曜日と1日の時間の関係を知る必要があるが、それは次のとおりである。

各曜日は、その曜日の名前に近い名前の惑星に支配されている。つまり、日曜＝太陽、月曜＝月、火曜＝火星、水曜＝水星、木曜＝木星、金曜＝金星、土曜＝土星である。

1日の時間と惑星の関係はもっと複雑である。

1日の時間は24時間で、それは日の出から日没までの12時間と日没から日の出までの12時間に分けられる。注意したいのは、昼と夜の時間は季節によって異なるので、当然の結果として、昼と夜の1時間の長さが季節によって異なるということだ。

その上で、各曜日の日出後の最初の1時間は、それぞれが各曜日を支配しているのと同じ惑星に支配されるという特徴がある。つまり、最初の1時間に関しては、各曜日の支配惑星と同じく、日曜＝太陽、月曜＝月、火曜＝火星、水曜＝水星、木曜＝木星、金曜＝金星、土曜＝土星なのである。それから、1時間ごとに、太陽→金星→水星→月→土星→木星→火星→（最初の太陽に戻る）という周期で支配惑星が繰り返し入れ替わるのである。この規則は1週間の時間の流れを通して見てもあてはまるもので、日曜日の日出後の最初の1時間を支配する太陽から始まり、土曜日の最後の1時間を支配する火星まで、同じことが繰り返されているのである。1時間ごとの支配惑星の入れ替わりは覚えにくいものなので、間違えないためにも正しい表を用意しておくとよいだろう。

多大な影響をおよぼす惑星の力

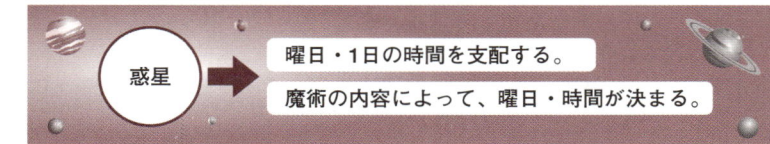

惑星 → 曜日・1日の時間を支配する。
魔術の内容によって、曜日・時間が決まる。

惑星と1日の時間の関係表

曜日と時間の支配惑星は以下のように入れ替わる。

日の時間	日曜	月曜	火曜	水曜	木曜	金曜	土曜
1	太陽	月	火星	水星	木星	金星	土星
2	金星	土星	太陽	月	火星	水星	木星
3	水星	木星	金星	土星	太陽	月	火星
4	月	火星	水星	木星	金星	土星	太陽
5	土星	太陽	月	火星	水星	木星	金星
6	木星	金星	土星	太陽	月	火星	水星
7	火星	水星	木星	金星	土星	太陽	月
8	太陽	月	火星	水星	木星	金星	土星
9	金星	土星	太陽	月	火星	水星	木星
10	水星	木星	金星	土星	太陽	月	火星
11	月	火星	水星	木星	金星	土星	太陽
12	土星	太陽	月	火星	水星	木星	金星
1	木星	金星	土星	太陽	月	火星	水星
2	火星	水星	木星	金星	土星	太陽	月
3	太陽	月	火星	水星	木星	金星	土星
4	金星	土星	太陽	月	火星	水星	木星
5	水星	木星	金星	土星	太陽	月	火星
6	月	火星	水星	木星	金星	土星	太陽
7	土星	太陽	月	火星	水星	木星	金星
8	木星	金星	土星	太陽	月	火星	水星
9	火星	水星	木星	金星	土星	太陽	月
10	太陽	月	火星	水星	木星	金星	土星
11	金星	土星	太陽	月	火星	水星	木星
12	水星	木星	金星	土星	太陽	月	火星

No.025

惑星の影響力と魔術

Planetary influences

惑星の支配は魔術の内容にまで影響するので、特定の惑星が支配する日と時間には、その日と時間にふさわしい魔術を行うべきである。

●魔術の効果は惑星の支配や月の位置に影響される

『ソロモン王の鍵』によれば、惑星の支配は魔術の内容にまで影響する。だから、特定の惑星が支配する日と時間には、その日と時間にふさわしい魔術を行うべきなのである。いくつか例を上げると次のようになる。

土星の日と時間にふさわしいのは、自然死した者の魂を冥府から呼び出すこと、建築物に幸運や不運をもたらすこと、眠っている間に使い魔にいろいろな仕事をしてもらうこと、仕事・財産・商品・種・果物などの出来不出来を左右すること、破滅や死をもたらしたり、憎悪や不和をもたらすこと、などである。

木星の日と時間にふさわしいのは、名誉・富・友情の獲得、健康の維持などである。

火星の日と時間は戦争に関することにふさわしい。つまり、名誉を得ること、勇敢になること、敵を打ち破ることなどで、破壊・虐殺・残酷・不和・負傷・死をもたらすことまで含まれる。

太陽の日と時間は一時的に必要となる富や幸運、君主の好意の獲得、敵意の解消、友人を得る儀式などに向いている。

金星の日と時間は友情や愛や親切に関する魔術にふさわしい。

水星の日と時間は雄弁や知性や機敏さの獲得、未来の予言、詐欺や商業に関する儀式にふさわしい。

月の日と時間は航海、大使や外交官の派遣、貿易、航海など水や海に関係した案件および愛と和解の魔術にふさわしい。

とはいえ、魔術の効果は黄道上の月の位置とも深く関係している。だから、魔術を効果的なものにするためには、惑星の日と時間だけでなく、黄道上の月の位置にも注意を払う必要があるのである。

魔術に影響する惑星の支配

惑星
強い影響
曜日
時間
ゆえに
曜日、時間ごとにふさわしい魔術がある。

曜日や時間は惑星の強い影響下にあるので、曜日、時間ごとにふさわしい魔術を行う必要がある。

各惑星の日と時間にふさわしい魔術

土星	自然死した者の魂を冥府から呼び出すこと。 建築物に幸運や不運をもたらすこと。 眠っている間に使い魔にいろいろな仕事をしてもらうこと。 仕事・財産・商品・種・果物などの出来不出来を左右すること。 破滅や死をもたらしたり、憎悪や不和をもたらすこと。
木星	名誉・富・友情の獲得、健康の維持。
火星	戦争に関することにふさわしい。 つまり、名誉を得ること、勇敢になること、敵を打ち破ること、破壊・虐殺・残酷・不和・負傷・死をもたらすこと。 戦いで死んだものの霊を召喚すること。
太陽	一時的に必要となる富や幸運、君主の好意の獲得、敵意の解消、友人を得る儀式など。
金星	友情や愛や親切に関する魔術。旅行にも向いている。
水星	雄弁や知性や機敏さの獲得、未来の予言、詐欺や商業に関する儀式。ゲームやスポーツのような娯楽にもよい。
月	大使や外交官の派遣、貿易、航海など水や海に関係したこと。 愛と和解の魔術。 盗まれたものを取り戻すこと、眠りの霊を召喚すること、水に関連する儀式など。

No.026

儀式前の術師の注意事項

Preparations of the Master of the art

術師（術のマスター）は３日間の断食の期間が終わるまでには魔術の細部まで検証し、必要なすべての準備を整えておかなければならない。

●儀式開始までにマスターがなすべきこと

魔術儀式を執行するために、術のマスターは次のようなことに注意する必要がある。ここで述べるのは全体的な流れなので、より具体的なことは該当する項目を参照してほしい。

第一に重要なのは、『ソロモン王の鍵』の魔術を実践しようという者はどんな性質のものであれ、つまらない雑務や無関係な想念に動かされてはならないということだ。

そして、マスターはこれから行う魔術について細部まで検証し、きちんと紙に書きとめておかねばならない。とくに術を行う目的については、適切な呪文、悪魔祓いとともにはっきりさせておかなければならない。術に適した日や時間、準備が必要なもの、省いてよいものなどすべてはっきりさせておかなければならない。また、そのとき印をつけたり書いたりする紙・インク・ペンなどもすべて特別製でなければならない。

それらが整えられた後、魔術儀式を行う場所を探すのである。そして、マスター自身がその場所（術の目的によってはそれは秘密の部屋だが）へ行き、そこで段取りを整えるのである。ただし、それは誰も知らない、そして見られることのない場所という条件がある。

それがすんだら入浴の儀式を行う。そして、その後は少なくとも3日間は無駄で無益な考えや、いっさいの不純で罪深いことから身を遠ざけねばならない。これが「断食行」であり「徹夜行」である。

この3日間が過ぎたら、もうすべての準備は整っていなければならない。あとは、マスターは儀式を始めるふさわしい日と時間を待つだけである。そしてひとたび儀式を開始したら、終わるまで続けるべきである。そうすることで、マスターの仕事は望んだ結果を得ることになるのである。

儀式までの流れ

儀式前の術者の仕事と心がまえは次のようなことだ。

全体の心構え
なんであれ、つまらない雑務や無関係な想念に動かされてはならない。

↓

手順1 魔術の検証
術の目的、適切な呪文、悪魔祓い、術に適した日や時間、準備が必要なもの、省いてよいものなどすべてはっきりさせ、紙に書きとめる。紙、ペン、インクは特別製のものを使う。

↓

手順2 場所を探す
術者自身が魔術を行う場所に行き、段取りを整える。誰も知らない、見られることのない場所がよい。

↓

手順3 入浴の儀式
適切な日時に、川や小川や秘密の部屋に行き、規則に従って入浴する。

↓

手順4 断食の儀式
3日間、無駄で無益な考えや、いっさいの不純で罪深いことから身を遠ざける。

↓

手順5 待機
儀式を行う日と時間を待つ。準備は全部整っていなければならない。

No.027

仲間や弟子たちの注意事項

Preparations of the Companions or Disciples

魔法の儀式はもし可能ならば３人の仲間あるいは弟子と一緒に行うか、そうでなくても忠実な愛犬と行ったほうがよいとされている。

●３人の仲間あるいは愛犬のための準備

魔法の儀式は3人の仲間あるいは弟子たちと一緒に行うのがよいとされている。3人というのは、マスターを含めない数である。もしもそうすることができない場合、最低でも忠実な愛犬と一緒に儀式を行うべきである。それゆえ、マスターは儀式を成功させたいなら、まず始めにどんな仲間と組むかよく考えなければならない。

もし、仲間や弟子を選ぶ場合、これらの仲間はマスターに服従することを誓ったものでなければならない。そうでなければ、霊たちが引き起こす苦痛や危険をその身に受け、ときには死ぬことさえあるからだ。

仲間を選んだら、十分に指示した後で、マスターは祓魔された聖水を用意し、弟子たちを清潔にした秘密の部屋に連れていく。そこで弟子たちを素裸にし、聖水を頭から足の裏まで注ぎ、全身を洗わせる。それから、マスターがそうしたように弟子たちにローブを着させ、3日間の断食を行わせる。この間、祈りも行動もすべてマスターが行ったのと同じようにさせるのである。

人間ではなく、犬と一緒に儀式を行う場合でも、聖水でこの犬をよく洗い、術の香と香水で芳香を与え、所定の呪文を唱えておく必要がある。

小さな少年少女を仲間にする場合も、犬にしたのと同じように彼らの身体を洗い、芳香を与えなければならない。そして手と足の爪を切り、所定の呪文を唱えるのである。

このようにして正しい方法で仲間を選び、任命し、配置したら、マスターはいつでも儀式を執行することができる。しかし、安全のためにマスターも仲間もペンタクルを胸に付ける必要がある。仲間や弟子の数はマスターを除いて3人だが、5人、7人、9人でも可能である。

魔法の儀式の仲間

魔法の儀式は3人の仲間または弟子と行うべし。それが無理なら、最低でも、忠実な愛犬と行うべし。
はい！
ワン！
3人の仲間または弟子
忠実な愛犬

弟子と愛犬の注意事項

弟子の場合

- 師に服従すると誓ったものを選ぶ。
- 秘密の部屋で聖水で全身を洗う。
- ローブを着、3日間の断食を行う。

愛犬の場合

- 聖水でよく洗う。
- 術の香と香水で芳香を与える。
- 所定の呪文を唱える。

少年少女を選んだ場合

- 犬と同じく、聖水でよく洗う。
- 芳香を与える。
- 手と足の爪を切り、呪文を唱える。

↓

正しい方法で仲間を選んだら、いつでも魔術儀式を執行できる。

No.028

節制と断食の期間について

About the Fasting and Moderation

儀式前の９日間の準備期間中は、節制と断食の期間であり、善行を積み、誠実に話し、礼儀正しくし、何事につけ節度を見失ってはならない。

●儀式前の準備期間中は身を慎まなければならない

魔術儀式の前には、9日間の準備期間がある。

この準備期間は外套や靴、羊皮紙など儀式に必要な魔術道具類を準備する期間だが、この期間はまた節制と断食の期間でもある。

したがって、この準備期間の間は最初から、精神的にも肉体的にも、不信仰、不純、邪悪、極端なことなどは避けなければならない。たとえば、度を過ぎた暴飲暴食、無意味な饒舌な会話、他人に対する誹謗や中傷などは決して行ってはならない。そして、善行を積み、誠実に話し、礼儀正しくしなければならない。何事につけ節度を見失ってはならない。儀式前の9日間の準備期間中は、とにかくこのことを第一に考えなければならないのである。これはマスターだけでなく、弟子たちも同じことである。

また、9日間の準備期間のうちの最後の3日間、つまり儀式直前の3日間には、断食を行う必要がある。この断食は食事を1日1食だけに制限するというものである。その1食もパンと水だけで済ませればなおよい。当然のことだが、この期間中も前述したような不純なことはすべて避けなければならない。そして、朝に1度、夕方に2度、所定の祈りを捧げるのである。

儀式の直前の最後の1日の間は食事は完全に遠ざけなければならない。そして、その後で秘密の部屋に入り、神に対して罪を告白し、悔い改めなければならないのである。

これらのことは弟子たちもマスターと一緒に行うのである。

以上のことが済んだら、清められた秘密の部屋に入り、水とヒソップで身体を清め、入浴を行うことになるのである。これについては別の項で述べることになる。

準備期間の9日間

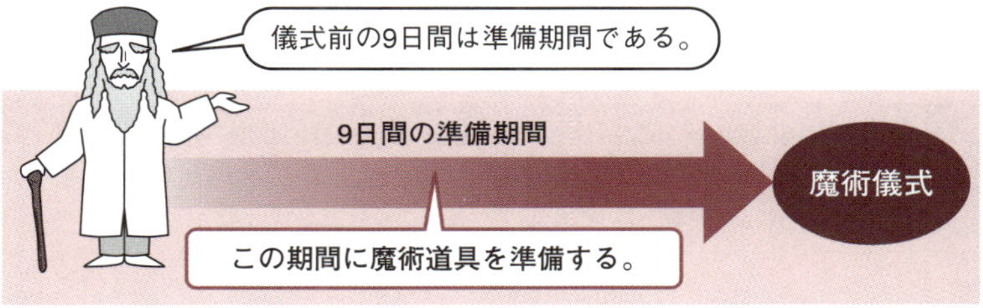
儀式前の9日間は準備期間である。
9日間の準備期間
魔術儀式
この期間に魔術道具を準備する。

節制と断食の9日間の過ごし方

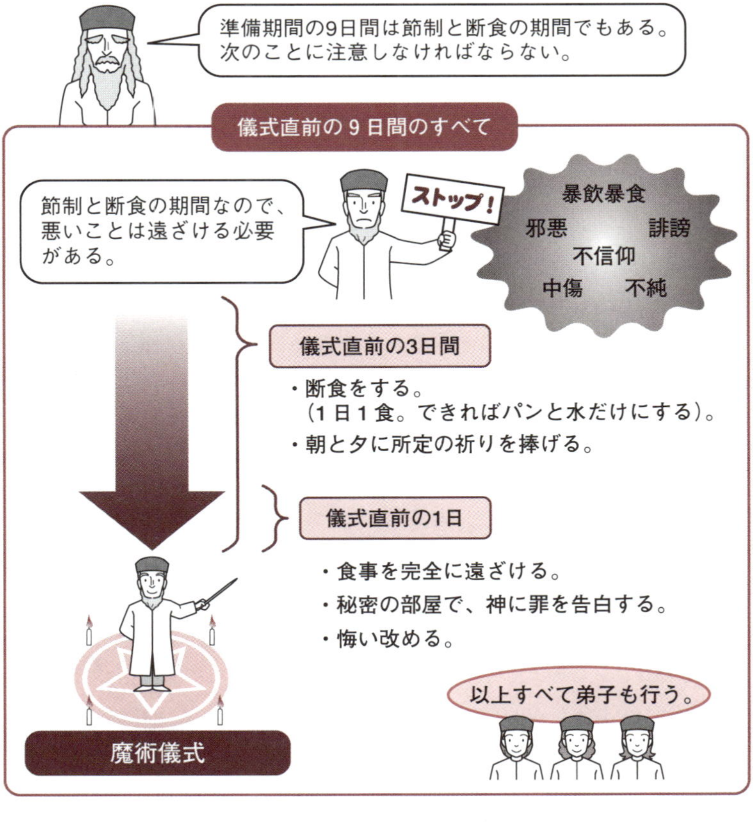
準備期間の9日間は節制と断食の期間でもある。
次のことに注意しなければならない。
儀式直前の 9 日間のすべて
節制と断食の期間なので、悪いことは遠ざける必要がある。
ストップ!
暴飲暴食
邪悪
誹謗
不信仰
中傷
不純
儀式直前の3日間
・断食をする。
（1 日 1 食。できればパンと水だけにする）。
・朝と夕に所定の祈りを捧げる。
儀式直前の1日
・食事を完全に遠ざける。
・秘密の部屋で、神に罪を告白する。
・悔い改める。
以上すべて弟子も行う。
魔術儀式

No.029

儀式前の入浴について

About the Baths

魔術や降霊術の前には、川や小川、あるいは秘密の部屋に温かいお湯を入れたたらいを用意し、規則に従って入浴しなければならない。

●水と塩の力で自身の不純と貪欲を払う

魔術・降霊術の前には次の手順で入浴するように定められている。

すべての準備を適切な日時に整え、川や小川に行くか、温かい湯を入れたたらいなどを秘密の部屋に用意しておく。『詩編』の章句（14編または53編、および27編、54編、81編）を唱えながら衣服を脱ぐ。完全に衣服を脱いだら、水または浴槽に入り唱える。「被造物である水よ。私はお前を祓魔しよう。お前を創造し、お前を一か所に集めて大地を出現させた方の力によって、敵の策略は暴かれ、悪霊の不純と不浄は清められ、そして無害となる。いつの世までも統治する万能の神の徳によって。アーメン」

それから身体を隅々まで洗いながら、以下の名前を2、3度繰り返し唱える。「メルタリア、ムサリア、ドファリア、オネマリア、ジタンセイア、ゴルダファイラ、デデュルサイラ……」

きれいになったら浴槽を出て、身体に魔術水を散水し、唱える。「主よ、**ヒソップ**によって私を清めたまえ。雪よりも白くなるように」

そして服を着ながら必要な『詩編』を唱える（102編、51編、4編、30編、119編の「メム」の部分、114編、126編、139編）。

続いて塩の祝福を行い、祓魔された塩をつまみ、浴槽に投げ込む。再び服を脱ぎ、次の言葉を言う。「力と驚異に満ちたエルよ。私は貴方《あなた》を讃えよう。私はこの場から貴方に祈願し、感謝しよう。この水が私から不純と貪欲を払いますように。貴方、聖なるアドナイの力で。アーメン」

再度入浴し、詩編104編と81編を唱え、浴槽を出て清潔な白いリネンの服を着る。そして、上着を着る。

以上でマスターの入浴の儀は終了である。続けて弟子たちが同じやり方、同じ厳粛さで入浴の儀を行うのである。

入浴の意味

儀式前の入浴 → 身体を清潔にし、不浄を払う。
儀式前の入浴 → 儀式を成功させるために必要。

入浴の手順

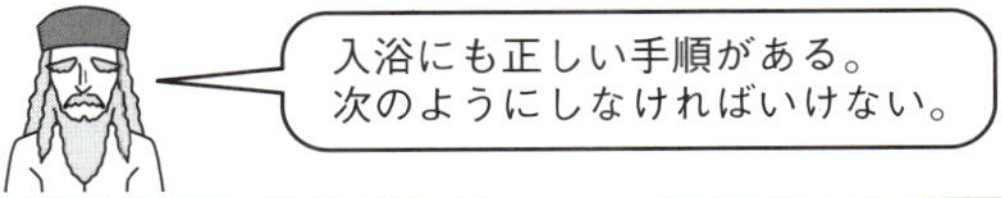
入浴にも正しい手順がある。
次のようにしなければいけない。

① 入浴場所へ行く。

秘密の部屋に湯を入れたたらいを用意する。または、川か小川へ行く。

② 身体を洗う。

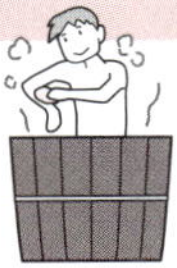

③ 浴槽を出て、身体に聖水をかける。

パッ
パッ

④ 服を着る。

着ていた服を着ればよいのだ。

⑤ 塩を祝福し、浴槽に入れる。

パラパラ

⑥ 服を脱ぎ、再度入浴する。

⑦ 風呂を出て正装する。

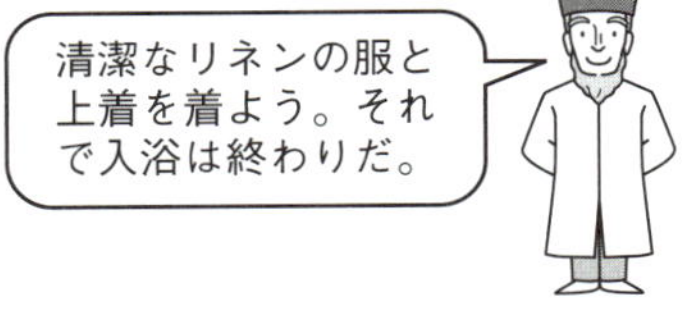
清潔なリネンの服と上着を着よう。それで入浴は終わりだ。

用語解説

●**ヒソップ**→ハーブの一種で散水器として用いられる(p.94参照)。

No.030

儀式を執行する場所

About the places for the ceremonies

魔術の儀式は、人里離れた隠れた場所や荒れ果てた人気のない場所、夜の十字路など、魔術にふさわしい場所で行った方がより効果的である。

●人里から離れた荒れ果てた場所を探そう

魔術儀式はそれにふさわしい場所で行った方がよい。もしそのような場所に行けない場合には自分の部屋で行うこともできるが、ふさわしい場所で行う方がより効果的ということである。

ふさわしい場所というのは、人里離れた隠れた場所で、荒れ果てた人気のない場所が最も良い。湖のほとり、森、暗く目立たない土地、古い廃屋、山、洞窟、庭園、果樹園のような場所である。だが、最も良いのは暗く静かな夜の十字路である。

さて、だいたいの場所を定めたら、昼でも夜でもよいので実際にその場所に行って、まさに儀式を行うにふさわしい正確な地点（魔法円を作成する場所）を定めよう。その辺り一帯は広々としている方がよいが、儀式を行う地点は垣根、藪、樹木、壁などに囲まれた場所にすべきである。そのような地点を見つけたら、そこを完全に清め、整え、汚れがないようにする。そして、その作業の間に『詩編』2、67、54編を唱えるのである。その後、魔術の香などを焚いて芳香で満たし、水とヒソップを散布する。それから、魔術に必要な準備をすべて整えて置くのである。

実際の儀式の日が来て家を出るときは、その場所へ着くまでの間、特別な祈りを低くはっきりと繰り返し唱えなければならない。「ザザイ、ザマイ、プイダモン、エル、ヤハウェ、イア、アグラ。我を支えたまえ」

唱えながら、マスターは水とヒソップを道にまき、弟子たちは断食のときの祈りを低く繰り返し唱えよ。また、魔術用小道具は弟子たちが分担して運び（1人目が香炉、火、香を。2人目が魔導書と紙、ペン、インク、様々な香料を。3人目が短剣と鎌を）、杖と棒はマスター自身が運べ。

こうしてその場所に到着したら、魔法円の構築作業に入るのである。

魔術儀式とその執行場所

儀式を行う場所は？ → 魔術にはふさわしい場所がある。
人里離れた場所や荒れ果てた場所。

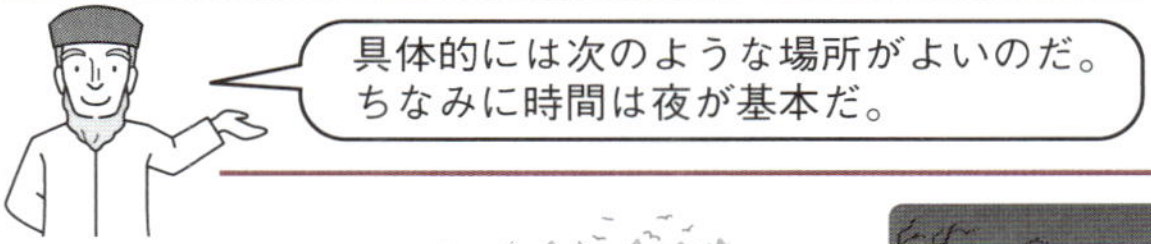
具体的には次のような場所がよいのだ。
ちなみに時間は夜が基本だ。

廃屋
森
湖畔
洞窟
庭園
十字路

魔法円を作る場所

魔法円の場所 → 魔法円は垣根、藪、樹木、壁などに囲まれた場所に描く。

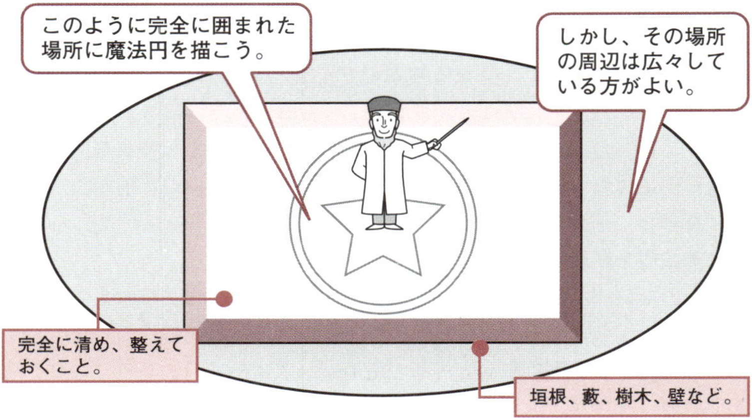
このように完全に囲まれた場所に魔法円を描こう。
しかし、その場所の周辺は広々している方がよい。
完全に清め、整えておくこと。
垣根、藪、樹木、壁など。

No.031

魔法円形成の儀式

About the formation of the circle

魔法円は定められた寸法に従ってできるだけ正確に描く必要がある。そして、術者と仲間が中に入ったら、確実に閉じなければならない。

●詩編を唱えながら魔法円を構築する

儀式の場所に到着し、準備が整ったら魔法円を構築するが、その方法は以下のとおりである。

これから描きたい魔法円の中心となる位置に、鎌または三日月刀を突き立てる。あらかじめ用意しておいた9フィートの紐を取り出し、その一端を鎌に結び、この紐をコンパスのように使い、黒柄の剣かナイフで円を描く。描いたら、その外側に1フィートの間隔でさらに2つの円を描く。そして、内側の2つの円の間には聖なる神々のシンボルを書く。外側の2つの円の間には、ペンタクルなどの定められた記号と、その間に神々の名を書く。東南の間には、神聖なテトラグラマトンであるYHWH。南西の間には、AHIH。西北の間には、ALIVN。北東の間には、ALH。

さらに、これらの円の外側に4つの角が四方位を向くように、2つの四角形を描く。2つの四角形の間隔は半フィートである。そして、外側の四角形の4つの角の頂点を中心に4つの円を描く。円の直径は1フィートである。4つの円の中には聖なる神々の名を書く。東にはAL。西にはIH。南にはAGLA。北にはADNI。また、これらの円の内側にさらに小さな円を描く。儀式のときにはこの小さな円の中に香炉を置くのである。

魔法円を作成する作業の間は、師は『詩編』の以下の編を唱え続けなければならない。詩編2編、54編、113編、67編、47編、68編。これらの詩編は魔法円を構築する作業の前に唱えてもかまわない。

魔法円を描いたら、師は弟子たちを再度呼び集め、魔法円の適切な位置に配置し、霊の召喚の作業を行うのである。なお、師や弟子たちが出入りするために、魔法円の北側の一部の線は描かずに空けておくのである。儀式のためにみなが円内に入ってから、その線を閉じるのである。

魔法円の作り方

魔法円を描く基本 → 鎌、短剣、ひもをコンパスの代わりにして、地面の上に描く。

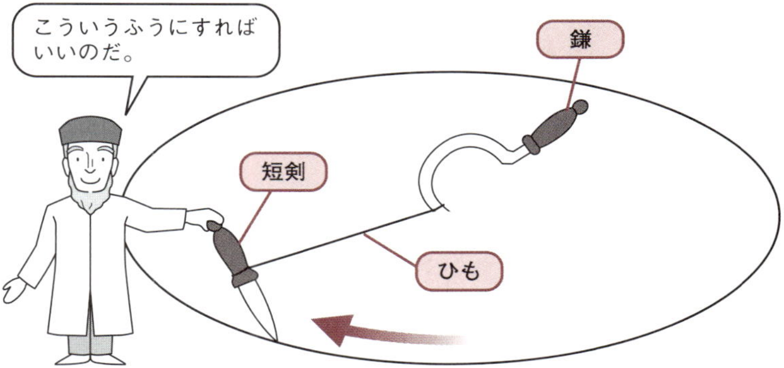
こういうふうにすればいいのだ。
鎌
短剣
ひも

魔法円の形

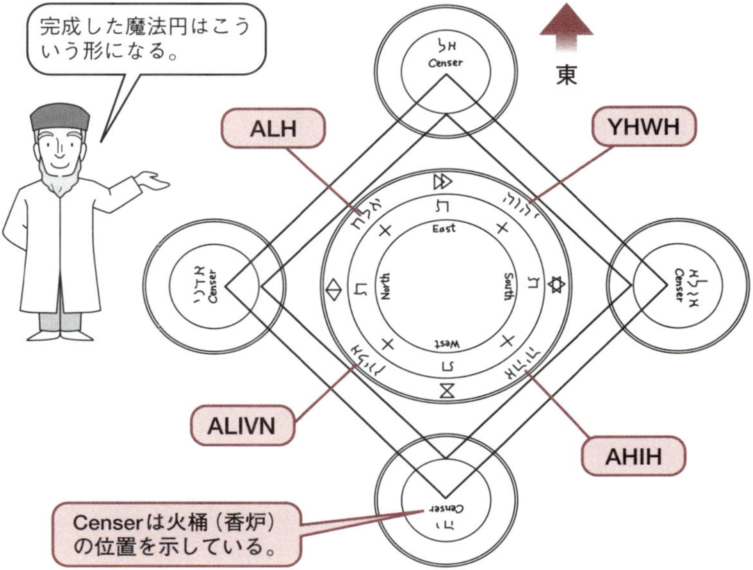
完成した魔法円はこういう形になる。
東
Censer
ALH
YHWH
East
North
South
West
Censer
Censer
ALIVN
AHIH
Censer
Censerは火桶（香炉）の位置を示している。

No.032

召喚の儀式

About the conjuration ceremony

通常の呪文、さらに強力な呪文、極めて強力な呪文、炎の召喚呪は徐々に強力になる４段階の呪文であり、最後には霊たちは必ず出現する。

●霊を服従させるための４段階の呪文

魔法円を描いたら霊を召喚する儀式を始める。まず、師は聖水を撒いて魔法円を清める。弟子たちを再び集め、魔法円の中に入る。みな入ったら、線を引かずにおいた部分に線を引き、魔法円を閉じる。弟子たちは四方位に配置し、東の者にペン、インク、紙、シルク、綿布を持たせる。また弟子たちに剣を持たせ、いつでも抜けるように準備させておく。ここで、四方の香炉に点火する。ロウソクに点火し、所定の位置に配置する。そして、神に儀式の成功を祈る。「私たちは頭を垂れています。万能の主よ、どうか来てください。そして、天使たちに命じ、この場所を守らせてください。どうか私たちの祈りをお聞きください。代々限りなく統べ治められる主よ」

その後、師は用意しておいた木製のトランペットを吹き、ペンタクルかメダル（金属製ペンタクル）を手に持ち、通常は東に向かって呪文を唱える。呪文には次の4種類がある。最初に唱えるのは、「通常の呪文」である。それで霊が出現しなかった場合、聖別したペンタクルかメダルを取り出して左手に持ち、短剣を右手に持ち、「さらに強力な呪文」を唱える。これで、霊が出現したら、左手のペンタクルを見せてやる。だが、これでも霊たちが出現しなかったら、右手の短剣で空中を切りつける。そして、短剣を地に置き、両膝立ちになって「極めて強力な召喚呪」を唱える。この段階で、ほとんど間違いなく霊たちはやって来る。しかし、それでも霊たちが頑固で不服従ならば、羊皮紙に霊たちの名を書き、土や泥、ほこりなどで汚してから、乾いた**ヘンルーダ**、粉末にした**アギ**、さらに邪悪な香料と一緒に火をつけて燃やす。そして、「炎の召喚呪」を唱えるのだ。「私はお前たちを召喚する。炎の被造物たちよ……」

こうすることで、霊たちは必ず出現するのである。

師と弟子の配置

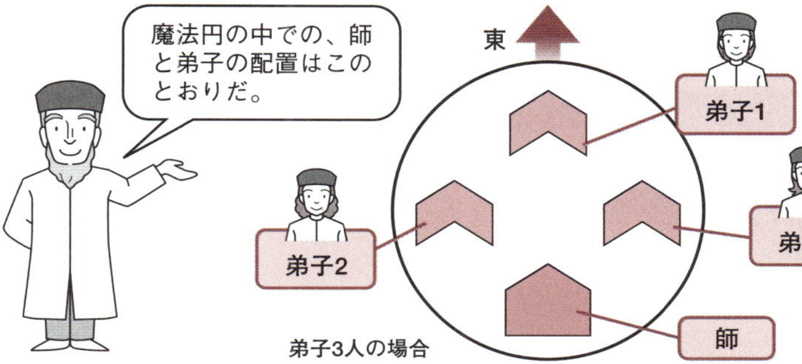
魔法円の中での、師と弟子の配置はこのとおりだ。
東
弟子1
弟子2
弟子3
師
弟子3人の場合

4段階の召喚呪

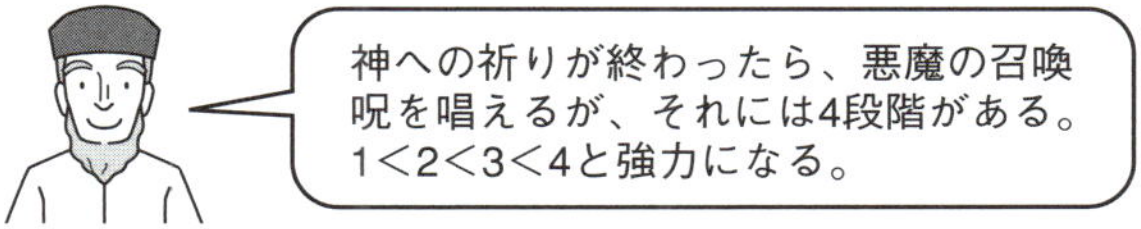
神への祈りが終わったら、悪魔の召喚呪を唱えるが、それには4段階がある。1＜2＜3＜4と強力になる。

① 通常の呪文

霊よ、現れよ。偉大な神の徳と知恵と力と慈愛によって、私はお前たちに命ずる。……

② さらに強力な召喚呪

霊たちよ、我は再度お前たちを召喚する。神の呼び名の中でも最も力のあるエルの名を用いて。……

③ 極めて強力な召喚呪

霊たちよ、私はお前たちに強力に命じ、絶え間なく強制する。アドナイ、ツァバオト、エロイムなど、様々な神の名によって。……

④ 炎の召喚呪

出現せよ、炎の被造物たちよ。さもなくば、お前たちは、永遠に呪われ、ののしられ、責めさいなまれるぞ。……

! **①で霊が出現しない場合、師は左手にペンタクル、右手に短剣を持ち空中を切り裂く。**

用語解説

●**ヘンルーダ→**ハーブなどに利用されるミカン科の薬用植物。
●**アギ→**ハーブなどに利用されるせり科の薬用植物。

No.033

霊への命令

Orders to spirits

霊たちが出現したら、術師は霊たちの王に向かってペンタクルかメダルを突きつけ、霊たちを静粛にさせ、しっかりと強い調子で命令を下そう。

●ペンタクルを突きつけて命令する

『ソロモン王の鍵』によれば、4段階の召喚呪によって霊たちは必ず出現する。術者たちは階級の低い霊たちが、より上級の霊たちを案内するようにして、いたるところから大急ぎでやって来るのを見るはずである。

その霊たちの特質は次のようである。第1集団の霊たちは兵士のようで、鑓《やり》・盾・甲冑で身を固めている。その後からやって来る第2集団の霊たちは男爵、君主、公爵、隊長、将軍のようである。第3番目、つまり最後に出現するのは彼らの王であり、楽器を持ったたくさんの演奏者たちや美しい旋律で歌う合唱隊とともに現れるのである。

霊たちが出現したら、師は霊たちの王に向かって胸に付けていたペンタクルかメダルを見せ、次のように唱える。「誰もがひざを屈する偉大なる主の前で、お前もひざを屈するがよい…」すると、霊の王は跪き、いう。「お前は何を望んでいるのか。どうして地獄の底から私を呼び出したのか」

これに対し、師はしっかりした強い調子で、霊たちに静かにするように命じ、大量の香を炉にくべる。これによって霊たちは震えおののくだろう。

そこで師はペンタクルを王に突きつけたまま、望むことすべてを命ずるのである。これで、すべての望みがかなうのだ。

そしてすべての要求が満たされたなら、後は霊たちを平和裏に退去させ、地獄へ帰ってもらうだけである。次のように唱える。「永遠に終わりなき第一の者、アドナイの名によりて。すべての霊たちよ、もといた場所へ帰るがよい。そして再び呼ばれる時まで、われわれの間に平穏をもたらせ」

これによって霊たちは退去するので、その後はまず師が、それから弟子たちが1人ずつ魔法円から出るのである。それから、全員が聖水で顔を洗った後、日常生活に戻るのである。これで、儀式は終わりである。

出現する霊たち

4段階の呪文を唱える間に必ず、霊たちは階級の低いものから順に、いたるところから大急ぎでやって来る。

①
②
③
④

第1集団
鎧・盾・甲冑で身を固めた兵士のような霊たち。

第2集団
男爵、君主、公爵、隊長、将軍のような霊たち。

第3集団
楽器の演奏者・合唱者③たちの後から霊たちの王④が最後に出現する。

霊への命令

霊が出現したら、胸のペンタクルを霊の王に突きつけ、望むことすべてを命じよう。それで願いがかなう。あとは、霊たちに平和裏に地獄へ帰ってもらうだけである。

ペンタクル
げっ！
ペンタクルだ。
霊たちの王
ワー
ワー
モク
モク
炉

霊たちがうるさかったら、たくさんの香を焚いて黙らせるのを、忘れずに。

No.034

特別な魔術儀式について

About extraordinary experiments and operations

『ソロモン王の鍵』によれば、盗まれたものを見つける、宝物を見つけるなどの目的には、一般的な魔術とは別の特別な魔術儀式もあるという。

●８つの特別な儀式に関する注意点

『ソロモン王の鍵』では、これまでに述べた一般的な魔術儀式のほかに、特別な魔術儀式について述べている。

特別な魔術儀式として説明されているのは、「盗まれたものを見つける方法」、「透明人間になる方法」、「スポーツ中の事故死を防ぐ方法」、「旅しても疲れない靴下留めの作り方」、「霊から知識を得るための絨緞の作り方」、「霊が所有する宝物を得る方法」、「人から好かれ愛される方法」、「詐欺を成功させる方法」である。これらの魔術が特別である理由ははっきりしないが、とにかくそれは一般的な魔術儀式とは異なる内容であり、またその儀式に応じて実行する日時に注意する必要があるとされている。

たとえば、盗まれた物を見つける儀式は、月の日と時間に行うと定められている。しかも、月が満ちていく時期で、昼の1時から8時の間である。夜の場合は5時か3時に始めるが、夜よりも昼の方がよい。

透明人間になる儀式は、月が双魚宮にあり、かつ満ちていく期間で、火星の日の昼の1時、2時、3時のいずれかに始める。夜の場合は、可能な時間は3時までである。

愛や好意を求める儀式は、月が双子宮にあり、満ちていく時期に行う。この儀式は太陽の日の1時より始めて、同じ日の8時までに行うべきである。または、金星の日の1時から8時までだ。

詐欺を成功させる儀式は金星の日の1時から8時までになすべきである。だが夜ならば、3時と7時である。また、この儀式は月が獅子宮か白羊宮にあり、かつ満ちていく期間に行うのである。

こうした日や時間に関することは、魔術の達人はそれほど気にしなくてよいようだ。しかし、初心者は絶対守らなければならないという。

特別な魔術儀式

『ソロモン王の鍵』には、以下の目的の魔術については、それ専用の特別な儀式が説明されている。これらの魔術は、それを行う日時にも注意が必要である。

盗まれたものを見つける魔術

月の日と時間であり、かつ月が満ちていく時期に行う。

透明人間になる魔術

月が双魚宮にあり、かつ満ちていく期間に行う。

スポーツ中の事故死を防ぐ魔術

2月の金曜日に魔術を行う。

旅しても疲れない靴下留めを作る魔術

6月25日に準備し、魔術を行う。

霊から知識を得るための絨緞を作る魔術

満月が磨羯宮に入っている期間に魔術を行う。

霊が所有する宝物を得る魔術

7月10日から8月20日の期間の条件に合う日に行う。

人から好かれ愛される魔術

月が双子宮にあり、満ちていく時期に行う。

詐欺を成功させる魔術

金星の日の1時から8時までに行う。

こういうことは魔術の達人は気にしなくてよいが、初心者は絶対に守る必要がある。

No.035

盗まれた物を取り戻す方法

The experiment for things stolen

『ソロモン王の鍵』では、盗まれたものを取り戻す魔術の中でもとくに犯人を見つける魔術について、特別な儀式のやり方を説明している。

●たらいの中の水に浮かび上がる犯人の顔

『ソロモン王の鍵』によれば、盗まれた物を取り返す方法は次のとおりである。一般的な儀式の流れに従ってすべての準備を整え、魔法円に入り、次のように祈る。「全能の主よ。私に憐れみをかけてください。主の力によって、この霊たちに命じ、盗人を見つけ出してください。そして、盗まれたものがどこで見つかるか教えてください」すると霊たちが出現するので命じる。「主の名によって出現した霊たちよ、私が探しているものがどこにあるか示しなさい」これで、霊たちは盗まれたものがどこにあるか教えてくれるのである。

犯人を見つける方法はまったく違っている。まず、ふるい（篩）を用意する。茶さじ1杯の香を焚いた後、絞首刑になった男を吊るした紐でそのふるいを吊るす。ふるいの外枠には血で4方向に特別な記号を書く。この後で、清潔なブリキのたらいを用意し、泉の水を満たす。それから、左手で吊り下げたふるいを回転させ、同時に右手で月桂樹の若枝を使ってかき回し、たらいの水を反対方向に回す。水の回転が止まり、ふるいが回転をやめたら、水の表面をじっと見詰める。すると、そこに盗んだ者の顔が浮かび上がる。このとき魔法の剣でその顔のある部分に傷を付けると、現実の盗人の顔にも傷がつくので、犯人を一層見つけやすくなるという。

次のような方法も紹介されている。ふるいの外枠にハサミの一方の刃を刺し、ハサミの刃の刺さっていない方の取っ手に、2人の人が親指の爪をかける。そして、1人の者が犯罪の容疑者として挙げられている者の名を1人ずつ大声で呼び、「聖ペテロと聖パウロの名にかけて、この人物は犯人ではない」と3回唱える。すると、犯人の名が呼ばれた時にだけ、ふるいが自動的に回転し始めるのである。

盗みに関する魔術

盗品を取り返す魔術 → 魔法円を使う通常の魔術。

犯人を見つける魔術 → ふるいを使った特殊な魔術。

犯人を見つける魔術

その1

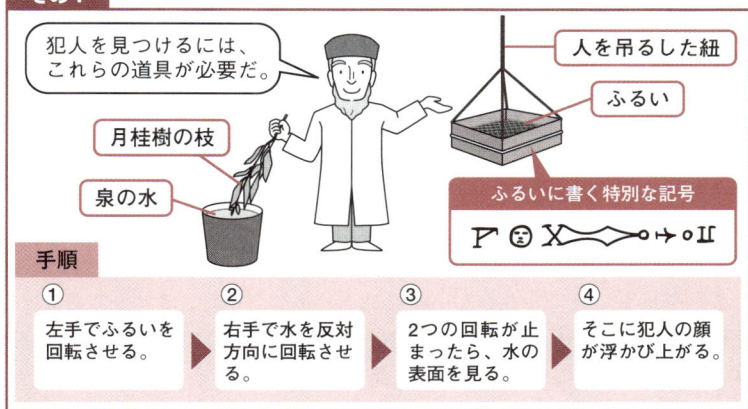

犯人を見つけるには、
これらの道具が必要だ。
人を吊るした紐
ふるい
月桂樹の枝
泉の水
ふるいに書く特別な記号

手順

① 左手でふるいを回転させる。 → ② 右手で水を反対方向に回転させる。 → ③ 2つの回転が止まったら、水の表面を見る。 → ④ そこに犯人の顔が浮かび上がる。

その2

ふるいにハサミの刃の一方を突き刺しておこう。
○○○（容疑者の名前を言う）。聖ペテロと聖パウロの名にかけて、この人物は犯人ではない。

手順

① ハサミの刺さっていない方の刃の取っ手に2人が親指の爪をかける。 → ② 1人が、容疑者の名を言った後、大声で所定の言葉を述べる。 → ③ すると、それが犯人のときだけ、ふるいが回転する。

No.036

霊が守る宝物を手に入れる方法

How to get a treasure possessed by the Spirits

大地に住むノームという霊たちはひどく危険だが、彼らと仲良くなれれば、彼らに命令を下し、大地に隠された宝物を手に入れることができる。

●危険極まりない地の霊ノームを操る

『ソロモン王の鍵』によれば、大地には多くの霊たちが住んでいる。これらの霊たちはノームと呼ばれ、隠された財宝にちょっかいを出す者がいれば、ときとしてその者を殺してしまう危険なものである。しかし、もしもこれらの霊たちと仲良くなり、特別な方法で彼らに命令すれば、彼らは喜んで宝物を差し出すのである。その方法は以下のとおりである。

7月10日から8月20日の期間で、月が獅子宮にある日曜日の日の出前に、霊たちを召喚する場所へ出かける。そこで、魔術用の剣で十分なサイズの魔法円を描く。日にふさわしい香を焚き、その場所を3度、香で満たす。その後、儀式用衣服を身につけ、ランプを吊るす。そのランプの油は、7月に死んだ男の脂肪を混ぜて作り、ランプの芯はその男が埋葬されたときに着ていた服から作らなければならない。ランプに火をつけたら、財宝を掘り出す作業者たちを山羊の皮で作ったガードルで補強する。そのガードルには脂肪を取った男の血で特別な記号を書き込む。作業者たちにはどんな妖怪が出てきても、中断せず、勇敢に作業を続けるように注意しておく。もし、作業が1日で終了しない場合は、掘った穴の入口は必ず材木で塞ぎ、その上に土をかぶせる。そして、次の日も作業を続けるのである。この間、術者は魔術の衣服と魔法の剣を身につけて置くこと。

十分な穴を掘ったら祈りを捧げる。「アドナイ、エロヒム、エル。君主の中の君主よ。私を憐れんでください。そして私に恵みを垂れてください。そして、あなたの天使と霊たちに命じ、私の仕事を成就させてください」

すると、作業者たちが穴の中を宝物で満たすことがきるので、最後に「善き霊たちよ。あなたたちの施しに感謝します。安らかに立ち去ってください。アーメン」と唱え、速やかに霊たちを立ち去らせるのである。

ノームに守られた財宝

人を殺すこともあるから注意してね。
ノーム
宝物

隠された宝は大地の霊ノームが守っている。

↓

ノームと仲良くなり、特別な方法で命令すれば宝物が手に入る。

宝物を得る方法

① 所定の期間に目的の場所に魔法円を描く。

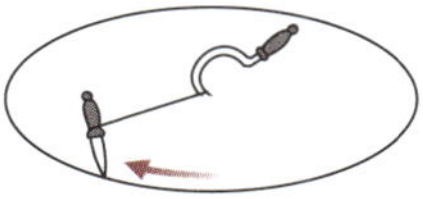

② その場所を3度香で満たす。

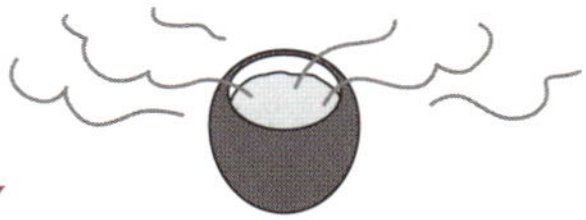

③ 特別製のランプを吊るす。

④ 作業員を山羊の皮のガードルで補強する。

ガードルに書く記号
NOPA
O PADOUS

⑤ 恐れずに穴を掘り続ける。

⑥ 十分に穴を掘ったら祈りの言葉を捧げる。

⑦ これで穴の中が宝もので一杯になる。

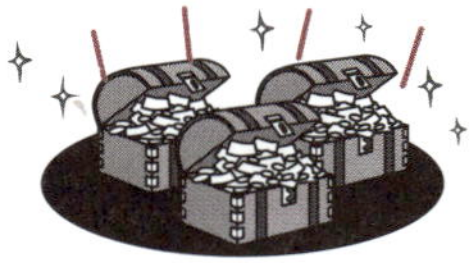

隠された宝物はこうやって手に入れるのだ！

No.037

ペンタクルと作成方法

About the Pentacles

ペンタクルは特別な印形が描かれたメダルあるいはワッペンのようなもので、これを見せることで確実に安全に霊たちを服従させることができる。

●ペンタクルは金属でも羊皮紙でも作ることができる

『ソロモン王の鍵』の魔術ではペンタクルが重要な働きをする。ペンタクルは特別な印形が描かれた円形のメダルまたはワッペンのようなもので、それを見せることで術者は確実かつ安全に霊を服従させられるのである。

『ソロモン王の鍵』のペンタクルには多種類があり、それぞれが7惑星（土星・木星・火星・太陽・金星・水星・月）のいずれかに捧げられている。ペンタクルの種類は全部で44種類あり、種類ごとに秘められたパワーが異なっている（本書の付録参照）。

ペンタクルは金属でも羊皮紙でも作ることができる。

金属製ペンタクルはメダルとも呼ばれるが、それが捧げられている惑星にふさわしい金属で作る。すなわち、土星は鉛、木星はスズ、火星は鉄、太陽は金、金星は銅、水星は**合金**、月は銀である。メダル表面に彫り込むペンタクルの印形などの色にはこだわる必要はないが、製作期間は惑星にふさわしい日時にしなければならない。

羊皮紙の場合、ペンタクルは水星の日と時刻に、月が**「風」または「地」のサイン**に入っており、かつ月が徐々に満ちている期間に作らなければならない。天気はすがすがしく、穏やかな日にすべきである。ペンタクル製作用の、邪魔の入らない特別な部屋を用意しておき、そこで真新しい羊皮紙に印形を描く。使用するインクの色はそれぞれの惑星にふさわしいものを用いる。すなわち、土星は黒、木星は空色、火星は赤、太陽は金か黄色かシトロン、金星は緑、水星は混合色、月は銀である。

ペンタクルの製作はできるなら（占星術的な意味で）始めたときと同じ日と時刻の間に完成させた方がよい。しかしながら、どうしても中断しなければならないなら、再度適切な日と時刻を待って再開してもよい。

ペンタクルの重要性

ペンタクルとは？ → 確実・安全に霊を服従させる道具。
→ 『ソロモン王の鍵』の重要アイテム。

ペンタクルを見せれば、悪魔だって操れるのだ。
どうじゃ
ペンタクル
はいっ！何でも言うことを聞きます。
がーん

どんなペンタクルがあるのか？

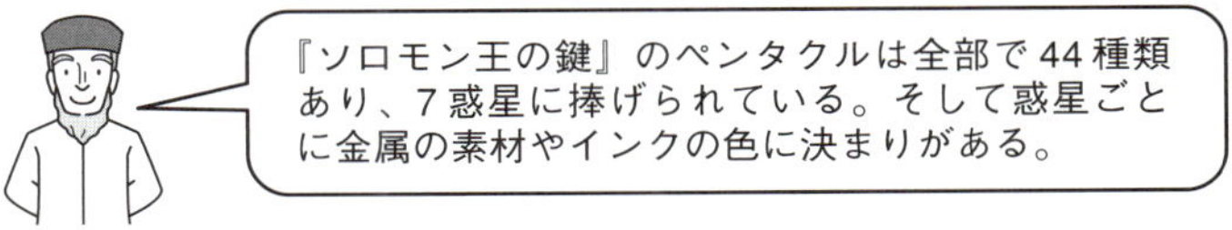
『ソロモン王の鍵』のペンタクルは全部で44種類あり、7惑星に捧げられている。そして惑星ごとに金属の素材やインクの色に決まりがある。

金属の場合の素材	土星用＝鉛。木星用＝スズ。火星用＝鉄。太陽用＝金。金星用＝銅。水星用＝合金。月用＝銀
羊皮紙の場合の色	土星用＝黒。木星用＝空色。火星用＝赤。太陽用＝金色。金星用＝緑。水星用＝混合色。月用＝銀色

土星第1

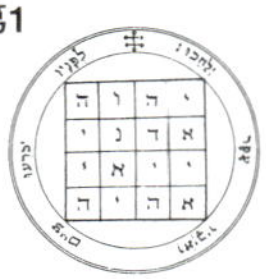

木星第1

火星第1

太陽第1

金星第1

水星第1

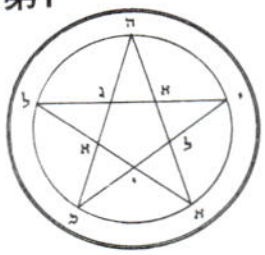

ここにあるのは一例だよ。

用語解説

●**合金→**通常水星は水銀だが、純粋な水銀は液体なので、これは水銀と別な金属の合金かもしれない。
●**「風」または「地」のサイン→**占星術の十二宮（サイン）には四大元素が割り当てられており、「風」は双児宮・天秤宮・宝瓶宮、「地」は金牛宮・処女宮・磨羯宮である。

No.038

ペンタクルの聖別

The consecration of Pentacles

作成したペンタクルを魔術的に有効なものとするためには、魔法円を描き、香を燃やして薫蒸し、ペンタクルを聖別しなければならない。

●専用の魔法円の中でペンタクルを薫蒸する

定められた方法で作成されたペンタクルはその後、専用の魔法円を用いて聖別する必要がある。そうすることでそれは初めて有効なものになるのである。

ペンタクルを聖別するには、作業前に土製の大きな火桶を用意しておく必要がある。その中には炭を満たしておく。薫香《くんこう》として、乳香、マスチック（うるしの一種）、アロエが必要である。

術者自身が純潔・清潔を保っておくのは当然である。

これらの準備を整えておいてから、ペンタクルを製作したのと同じ部屋の中に魔法円を描くが、これには円形鎌とナイフが必要である。それを使って最初の円を描き、次にその内部にもう1つの円を描く。そして、その2つの円の間に神の名を記すのである。

それから円の内側に用意しておいた火桶を置き、炭に火をつけ、乳香、マスチック（うるしの一種）、アロエを薫香として焚く。そして、その煙でペンタクルを薫蒸《くんじょう》するのである。

このとき術者は顔を東に向け、ペンタクルを煙にかざしながら、『詩編』8編、21編・27編・29編・32編・51編・72編・134編を唱える。そして、祈りの言葉を捧げる。「最も力あるアドナイよ、最も強きエルよ、最も神聖なアグラよ、最も正しきオンよ、**最初と最後のアレフとタウ**よ。我々はいみじくも祈願します。あなたの神聖な威厳によってこれらのペンタクルが聖別され、霊に対抗する徳と力を得ますように」

こうして聖別が終わったら、ペンタクルを用意しておいたシルクの布に包んで保管するのである。そして必要なときに使用し、使用後は同じように保管するのである。

ペンタクルは聖別して使う

ペンタクルの聖別 → 聖別によってペンタクルは有効になる。

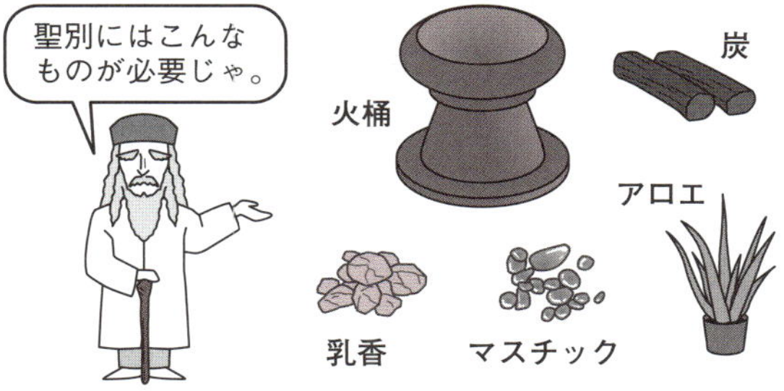
聖別にはこんなものが必要じゃ。
火桶
炭
アロエ
乳香
マスチック

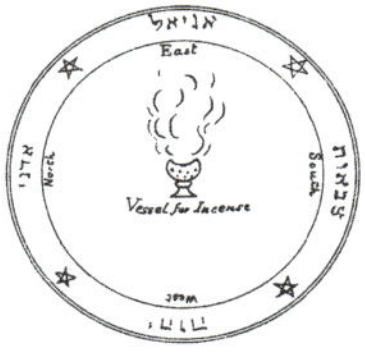
East
North
South
Vessel for Incense

ペンタクル聖別用の魔法円（中央の絵は火桶の位置）

ペンタクルを聖別するには

① 円形鎌・ナイフで魔法円を描く

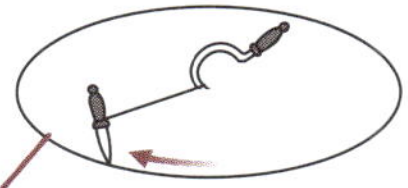
魔法円

ペンタクルは次のように聖別するのじゃ。

② 魔法円中央に火桶を置き、香料を焚く

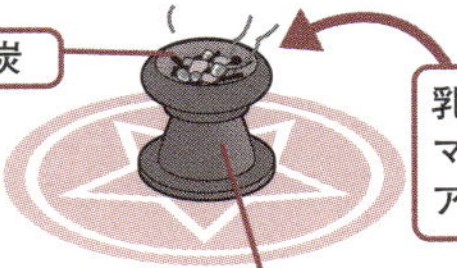
炭
乳香
マスチック
アロエ
火桶

③ 煙でペンタクルを薫蒸する

・術者は東を向き、『詩編』の決められた編を唱え、決められた祈りの言葉を唱える。
・薫蒸が終わったら、ペンタクルはシルクの布に包んで保管する。

用語解説

●**最初と最後のアレフとタウ→**ギリシア語のアルファベットはアルファで始まりオメガで終わるが、ヘブライ語ではアレフで始まりタウで終わる。

No.039

魔術師の外套と靴について

About the garments and shoes of the art

術師の着用する外套はリネン製、可能ならばシルク製のものがよく、靴も白色で外套と同じように特別な刺繍を施す必要がある。

●白いシルクの外套と白い皮の靴

術師が着用する外套と靴に関しては次のように定められている。

マスターが着用する外套は、その下に着る衣服と同じくリネン（亜麻布）製にするのが普通だが、可能ならばシルクがよい。リネンの場合はその糸は若い処女が紡いだものでなければならない。外套の胸には赤いシルクで特別なキャラクターを刺繍しなければならない。

靴も白くなければならない。そして、外套と同じように刺繍を施す必要がある。靴またはブーツの素材は白い皮で、そこにキャラクターが刺繍されるのである。

この靴は断食と節制の期間、すなわち儀式の前の9日間の準備期間に作られなければならない。他の必要な道具もこの期間に準備し、磨き上げ、ぴかぴかにしておかなければならない。

また、魔術師は真新しい羊皮紙製の冠を作り、その冠に次の4つの名を、魔術用のインクとペンで書き込まなければならない。前面に「YOD、HE、VAU、HE」。後ろに「ADONAI」。右に「EL」。左に「ELOHIM」。弟子たちも同じように冠を作り、専用の神聖なマークを真紅色で書き込まなければならない。

これらを着用する際には次のことに留意すること。まず『詩編』15編、131編、137編、117編、67編、68編、127編を唱える。その後、香を燃やして衣服を燻す。そして、ヒソップで水を振りかける。

マスターと弟子たちが衣服を着るとき、最初の詩編の朗誦の後で、専用の呪文を唱えること。

外套用のリネンの衣服が祭司用のものであり、聖なる事柄に使用されたものであるなら、なおさらよいということを覚えておこう。

術師の外套と靴と帽子

術師の身だしなみは？

ローブ・革靴・冠が必要である！

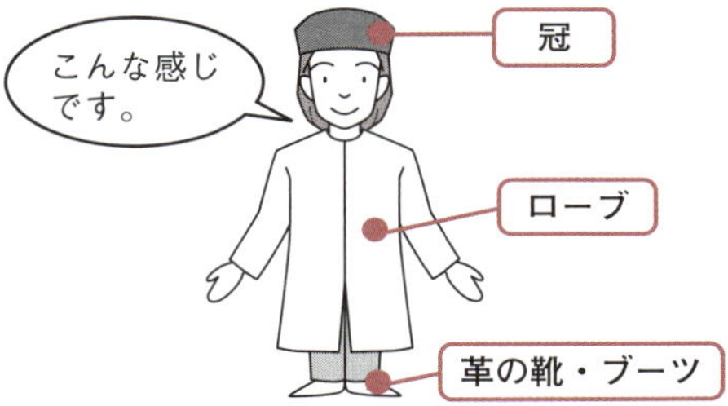

外套・靴・帽子の規格

外套・靴またはブーツ・冠は儀式前の9日間の準備期間中に以下のような指示に従って作らなければならない。

① ローブ

ローブの色は白。素材は普通はリネンだが、可能ならシルクがよい。胸に赤いシルクで右のようなキャラクターを刺繍する。

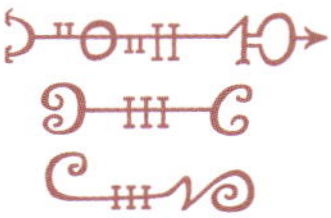

ローブの刺繍

② 革の靴・ブーツ

靴またはブーツの色は白。素材は皮で作る。表面に赤いシルクで右のようなキャラクターを刺繍する。

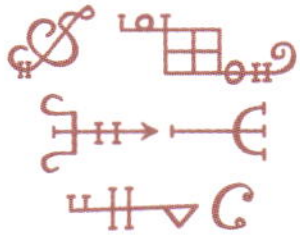

靴・ブーツの刺繍

③ 冠

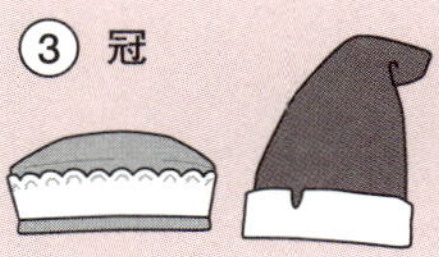

冠の形や色には特別な規定はない。素材は羊皮紙で作る。そして師と弟子用で異なるキャラクターを赤いインクで書く。

師の冠の記号

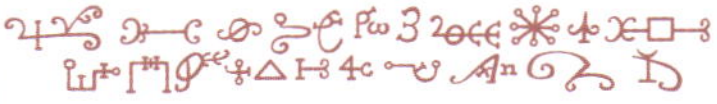

弟子の冠の記号

No.040

魔術用ナイフ・ランス・鎌

About the knife,sword,lance,sickle,and other instruments

ナイフには魔法円以外のすべての道具を作るのに用いる白い柄のナイフと魔法円を製作するために用いる黒い柄のナイフがある。

●魔道具製作用のナイフ類も特別製

魔法円や印章といった魔道具を作るにも様々な道具を用いる。そのうちナイフ類についてここで述べよう。

ナイフ類には白い柄のナイフ、黒い柄のナイフ、短いランスなどがある。

白い柄のナイフは、水星の日と時刻、火星が白羊宮か天蠍宮にあるときに作る。そして、満月の夜か、月が光を増しているときにガチョウのヒナの血とルリハコベの汁の中に白い柄を含めて全体を浸し、その上に特別な印形を刻む。その後で、魔術用の香で燻す。そして、シルクの布片にくるんで保管する。この白いナイフは魔法円の製作以外のすべての用途に用いるものである。ただし、白い柄のナイフは次の方法でも作ることができる。まず、同じ形にナイフを作り、それを3度火に入れて赤くなるまで焼き、そのたびに前述の血と汁に浸す。そして白い柄をしっかりと固定し、その上に特別な印形を刻むのである。それから薫蒸し、聖水をふりかけ、シルクの布で包んでおくのである。

魔法円の製作には黒い柄のナイフを必要とする。その作り方は基本的に白い柄のナイフと同じでいいが、黒い柄のナイフは土星の日と時刻に作り、黒ネコの血とドクニンジンの汁に浸すのである。そして表面に特別な印形と名を刻み、黒いシルクに包んでおく。

三日月刀、円形鎌（シックル）、短剣（ダガー）、懐剣（ポニャード）、短いランスは同様の方法で作る。これらは水星の日と時刻に作り、カササギの血と水星のハーブの汁に浸す。これらには木製の柄を取り付けるが、それは太陽が昇るとき、真新しいナイフか手頃な道具で、白いツゲの木から一撃で切り取った枝で作る。柄には特別な記号を刻み、聖別のために薫蒸し、他の道具と同じようにシルクの布で包んで保管するのである。

魔道具製作に必要なナイフ類

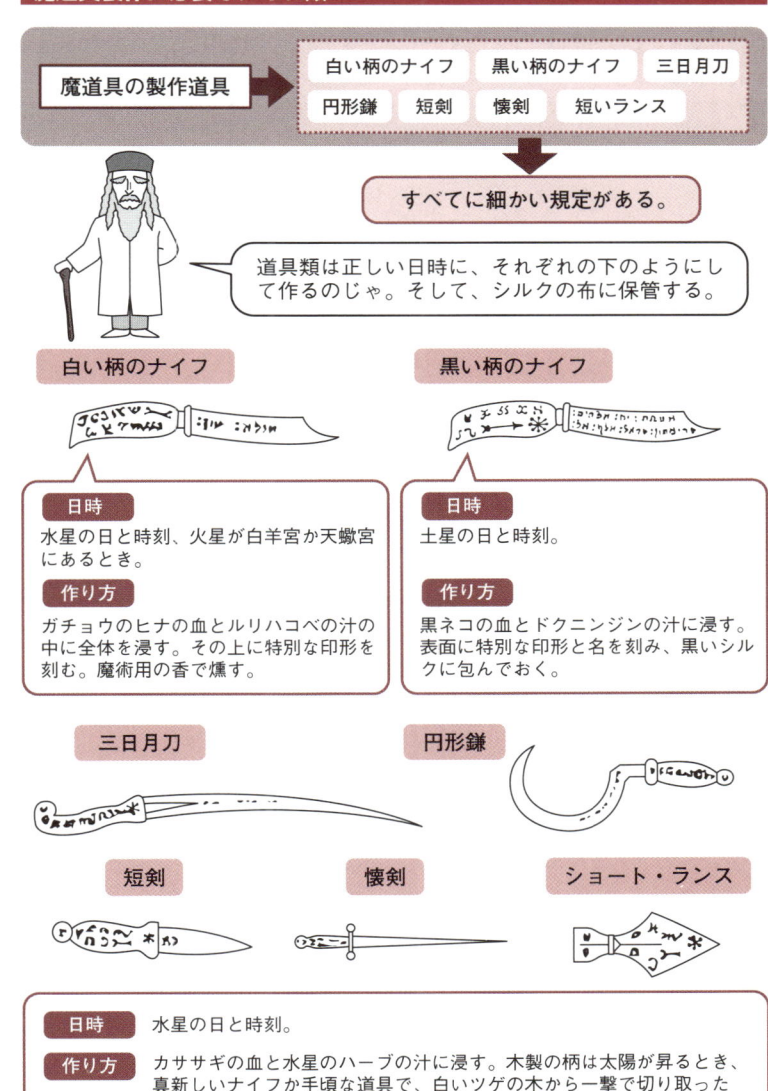

魔道具の製作道具 → 白い柄のナイフ／黒い柄のナイフ／三日月刀／円形鎌／短剣／懐剣／短いランス

↓

すべてに細かい規定がある。

道具類は正しい日時に、それぞれの下のようにして作るのじゃ。そして、シルクの布に保管する。

白い柄のナイフ

日時
水星の日と時刻、火星が白羊宮か天蠍宮にあるとき。

作り方
ガチョウのヒナの血とルリハコベの汁の中に全体を浸す。その上に特別な印形を刻む。魔術用の香で燻す。

黒い柄のナイフ

日時
土星の日と時刻。

作り方
黒ネコの血とドクニンジンの汁に浸す。表面に特別な印形と名を刻み、黒いシルクに包んでおく。

三日月刀

円形鎌

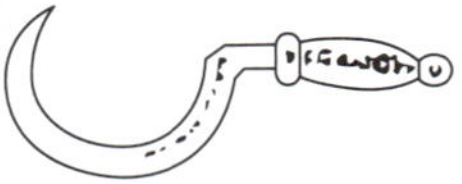

短剣

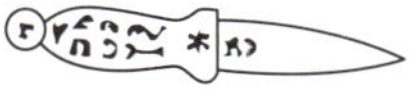

懐剣

ショート・ランス

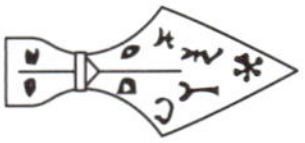

日時
水星の日と時刻。

作り方
カササギの血と水星のハーブの汁に浸す。木製の柄は太陽が昇るとき、真新しいナイフか手頃な道具で、白いツゲの木から一撃で切り取った枝で作る。柄には特別な記号を刻み、聖別のために薫蒸する。

No.041

魔法棒・杖・剣について

About the sword,wand,staff

魔法の棒はニワトコ、トウ、ローズウッドの木で、魔法の杖はハシバミの木の枝で作り、魔法の剣には神の名を刻み聖水や香などで聖別する。

●エルダーウッドの魔法棒、ハゼルの魔法杖

魔術の儀式において頻繁に利用される魔法の棒、杖、剣は以下のように作ると定められている。

魔法の棒はニワトコ、トウ、ローズウッドの木で、魔法の杖はハシバミの木の枝で作るが、まだ1度も実を付けたことがない新しい木を利用する。また、その枝は水曜日の日の出のときに、一撃で切り取らなければならず、水星の日と時刻に必要な記号を刻まなければならない。

これが済んだら次のように唱える。「聖なるアドナイよ。この棒と杖を祝福し聖別してください。あなたの力で必要な徳が得られますように」

そして薫蒸を済ませたら、清潔な場所に保管するのである。

魔法の剣の作り方は次のように定められている。

新しい剣を用意し、水星の日の第1時あるいは15時にその剣を取り、きれいに磨き上げる。その後、剣の一方の面に神聖な神の名をヘブライ語で刻む。「YOD HE VAU HE, ADONAI, EHEIEH, YAYAI」その反対側の面には「ELOHIM GIBOR」と刻む。

そして、剣に聖水をふりかけ、香を焚き、以下の呪文を唱える。

「おお、剣よ。私はお前を召喚する。アブルハク、アブラク、アブラカダブラ、ヤハウェの名によって。お前がすべての魔術儀式において、私に力を与え、目に見える、また目に見えないすべてのわたしの敵から、私を守るように」

このようにして適切な浄化と聖別が済んだら、他の道具と同じように、その剣を絹の布で包んで保管するのである。

魔法の剣は3人の弟子たちのためにも、同じようなやり方で弟子専用の3本の剣を作っておかなければならない。

魔法棒・魔法杖・魔法剣

棒
杖
剣
魔法の棒・杖・剣も、作り方が細かく定められている。

魔法の棒・杖・剣の作り方

魔法棒・魔法杖

魔法棒

魔法杖

魔法棒 ニワトコ・トウ・ローズウッドの木を使う。

魔法杖 ハシバミの枝を使う。

↓

水曜日の日の出時に一撃で切り取る。

水星の日と時刻に記号を刻む。

↓

呪文を唱える。

聖なるアドナイよ。この棒と杖を祝福し聖別してください。あなたの力で必要な徳が得られますように。

↓

最後に薫蒸し、保管する。

魔法剣

魔法剣

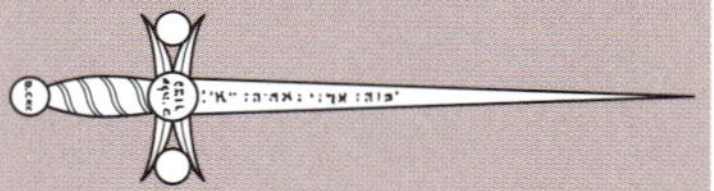

魔法剣 新しい剣を用意する。

↓

水星の日に剣を磨く。

刃の両面に定められた文字を刻む。

↓

聖水をかけ、呪文を唱える。

おお、剣よ。私はお前を召喚する。お前がすべての魔術儀式において、私に力を与え、すべてのわたしの敵から、私を守るように。

↓

絹の布に包んで保管する。

No.042

香・香料・煙などについて

About incense,fumigation,perfumes,odours

魔術儀式で用いる香、匂い、煙などは基本的に、良い匂いのものは良い霊たちに、不快な匂いものは邪悪な霊たちに捧げるという決まりがある。

●良い匂いは良い霊をひきつける

魔術儀式では、様々な香、匂い、煙などが、霊たちを呼び寄せたり追い払ったりするのに用いられる。その基本は単純で、良い匂いのものは良い霊たちに、不快な匂いものは邪悪な霊たちに捧げるということだ。

良い匂いのための香料は、乾燥させたアロエ、ナツメグ、ベンジャミンゴム、ジャコウを混ぜ合わせて作る。そうしてできた香を燃やすことで漂う芳香は良い霊たちをひきつけ、邪悪な霊たちを追い払うのである。

この種の香を作るときは次のように唱える。

「アブラハムの、イサクの、ヤコブの神よ。この香が良き霊たちをひきつけ、悪しき霊たちを退散させる力と徳を持ちますように。不純な霊たちよ。私は神の名によって、あなたたちを追い払います。この香から出て行きなさい。神の精霊たちの恵みで、この香を使用する者に守護と徳が与えられますように。そして、邪悪な霊や亡霊が近づきませんように。主よ。祝福し聖別してください。この聖なる香が人の魂と肉体の健康に役立つように。この香の煙と匂いを得た者がみな魂と肉体の健康を得ますように」

唱え終わったら、様々な種類のスパイスに聖水をふりまき、シルクの布に包み、目的のために必要な時まで保管するのである。そして、使いたいときには香を取り出し、火桶に置いて火を付ける。香が燃えだしたら、スパイスをくべる前に、次のように唱える。

「火の被造物よ。あなたを聖別します。あらゆるまやかしがあなたから退散するように。そして傷つけることも、欺くこともないように。万能の主よ。この火によって作られたものを祝福してください。それを使うものに悪いことが起きないように。」

そして、様々なスパイスを火にくべ、望むとおりの香りを作るのである。

匂いと霊たち

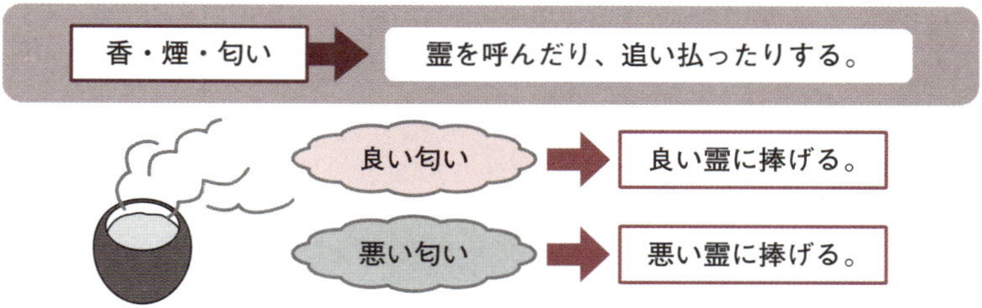
香・煙・匂い
霊を呼んだり、追い払ったりする。
良い匂い
良い霊に捧げる。
悪い匂い
悪い霊に捧げる。

香の作り方・使い方

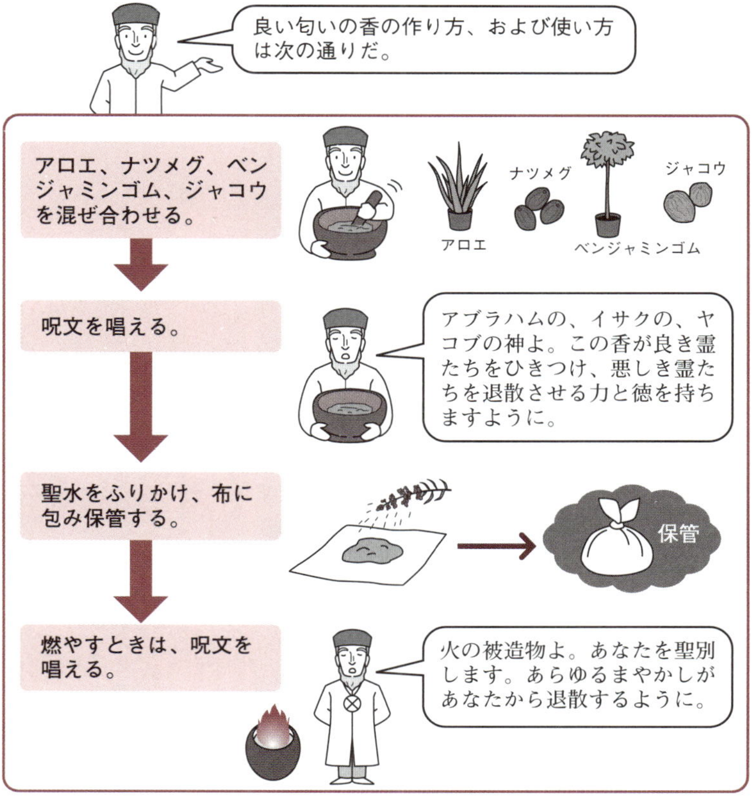
良い匂いの香の作り方、および使い方は次の通りだ。
アロエ、ナツメグ、ベンジャミンゴム、ジャコウを混ぜ合わせる。
ナツメグ
ジャコウ
アロエ
ベンジャミンゴム
呪文を唱える。
アブラハムの、イサクの、ヤコブの神よ。この香が良き霊たちをひきつけ、悪しき霊たちを退散させる力と徳を持ちますように。
聖水をふりかけ、布に包み保管する。
保管
燃やすときは、呪文を唱える。
火の被造物よ。あなたを聖別します。あらゆるまやかしがあなたから退散するように。

No.043

水とヒソップについて

About the water and the hyssop

魔術儀式の間にはしばしば聖水を撒くが、それには正しい作り方があり、また聖水を撒く散水器としてはヒソップの枝がよく用いられる。

●聖水と散水器の作り方

『ソロモン王の鍵』の魔術では様々な儀式の中で魔術水を撒く作業がある。このため魔術水と散水器が必要になるが、これは次のように製作する。

魔術水を作るには、まず水星の日と時刻に薫香と香炉を用意しなければならない。それから真鍮、鉛、土のいずれかの器を用意し、清冽な湧水を満たす。塩を手に取り、唱える。「ツァバオト、メシア、イマヌエル、エロヒム・ギボール、ヤハウェ。真実と生命を創造なさった神よ、この塩を祝福し、聖別してください。そして、これから行う術に助力と保護をお与えください」

そして、器の水に塩を投げ込み、『詩編』102編、54編、6編、67編を唱える。こうして、魔術に必要な魔術水（聖水）ができあがるのである。

これに続けて散水器の製作に取りかかる。

ここで散水器といっているのは植物の茎や枝葉を束ねたもので、それを少し水に浸して振ることで水を撒く装置である。

この散水器の材料としては、バーベイン、フェンネル、ラベンダー、セージ、バレリアン、バジル、ローズマリー、**ヒソップ**といったハーブ類を用いる。水星の日と時刻に、かつ月が満ちつつある時期に、術者はこれらのハーブのどれかを集めなければならない。そして、これらのハーブを若い処女が紡いだ糸で束ね、柄に取り付ける。また、柄にはその両側に特別な記号を刻みこむ。

こうして、聖水と散水器ができたら、これによって術者はいつでも必要な時に魔術水を撒くことができ、亡霊たちを追い払い、彼らによって邪魔され、悩まされることがなくなるのである。そして、この魔術水は魔術の準備のいかなる場面でも使うことができるのである。

魔術用の水と散水器

魔術水
散水器

亡霊を追い払い、場所や物を清めるために必要になる。

魔術水（聖水）の作り方

① 水星の日と時刻に香を焚く。

↓

② 器に清冽な湧水を満たす。

↓

③ 呪文を唱え、器に塩を入れる。

↓

④『詩編』を唱えれば完成。

魔術水はこうやって作ろう。
塩
水
香を焚く

散水器の作り方

① 水星の日と時刻にハーブを集める。

ヒソップ、バーベイン、ラベンダーなど。

↓

② 処女が紡いだ糸でハーブを束ね、柄を取り付ける。

↓

③ 柄の両面に特別な記号を刻んで完成。

散水器はこうやって作ろう。
ヒソップ
ラベンダー
バーベイン

特別な記号

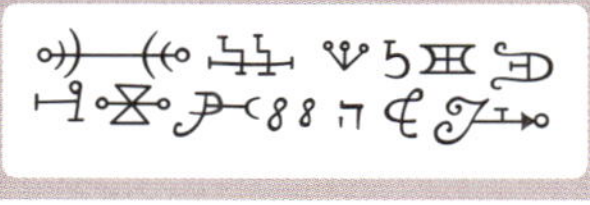

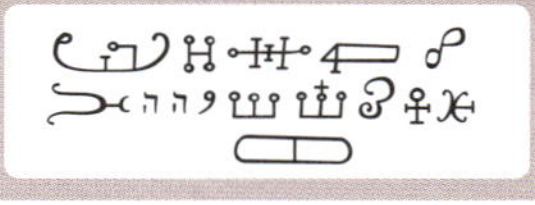

用語解説

●**ヒソップ**→散水器の材料としてとくに有効らしく、『ソロモン王の鍵』では散水器を「ヒソップ」と呼んでいることもある。旧約聖書『出エジプト記』ではモーセがこれを用いている。

No.044

ペンやインクなどについて

About the pen,ink,and colours

魔術で使用するペンやインクなどの筆記用具も、定められた方法で作らなければならず、そのうえで聖別し、正しく保管しておかなければならない。

●ガチョウ、ツバメ、カラスの羽根ペンとインク

魔道具の製作ではペンやインクなどの筆記用具も必要となるが、その作り方は以下の通りである。

ペンを作るにはまずオスのガチョウのヒナを手に入れ、右の翼から3番目の羽根をむしりとる。このとき、「アドライ、ハフリイ、タマイイ、ティロナス、アタマス、ジアノル、アドナイよ。このペンから偽りと過ちを消し去りたまえ。わたしが欲するものを書くのに必要な徳と効用が与えられるように。アーメン」と唱える。羽根を取ったら、魔術用ペンナイフで先端を尖らせ、香水をつけ、聖水を振りかける。そしてシルクの布に保管する。

次に、土あるいは手頃な材料でインクスタンドを作る。インクスタンドには、木星の日と時刻に彫刻刀で神聖な名を刻まなければならない。そしてインクを満たしながら呪文を唱える。

ときには高貴な色で書く必要があるが、それは新しく清潔な箱に保管しておくのがよい。主な色は、黄、金、赤、空または紺碧の青、緑、茶であり、その他にも必要とされる色が使用される。これらはみな通常の方法で、悪魔祓い（エクソシズム）、香水散布、聖水散布しておく必要がある。

ツバメとカラスの羽根ペンを作るときは、羽根を抜く前に天使たちに祈りを捧げる。「大天使ミカエル、および天の軍団の長であり指揮者であるミダエルとミラエルよ。これから執行する儀式を助けたまえ。これから始める試みがあなたがたの力で完成されますように。アーメン」

その後、魔術用のナイフで先端を尖らせ、ペンを完成させる。そして、ツバメペン、カラスペンの側面に、ペンとインクで特別な文字「ANAIRETON」を記す。そして、『詩編』133編、117編を唱えよ。こうすることで、ツバメとカラスの羽根ペンは完成するのである。

魔術用筆記用具

魔術の筆記用具 → 羽根ペン・インクなど。／すべて特製のものを使う。

羽根ペン・インク・インクスタンドの規定

魔術で使う筆記用具には以下のような決まりがある。

ガチョウの羽根ペン

雄のガチョウのヒナの、右の翼の3番目の羽根から作る。羽根を取るときは呪文を唱える。

インクスタンド

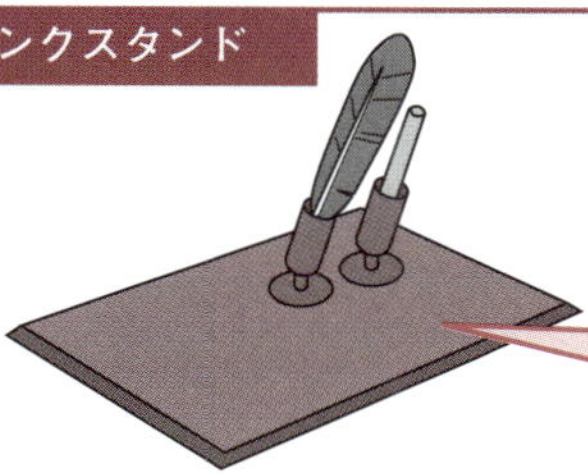

手頃な材料で作る。木星の日と時刻に彫刻刀で下のような神聖な名を刻む。

インクスタンドに刻む神聖な名

יהוה: מטטרון: יה יה: קדוש:
אלהים צבאות:

インク

悪魔祓い、香水散布、聖水散布する。

ツバメ・カラスの羽根ペン

軸に下のような特別な文字を記す。

אנאירטון⁝

No.045

羊皮紙の知識と葦のナイフ

About virgin parchment and reed knives

魔術で用いる羊皮紙は特別な動物から取られたものでなければならず、羊皮紙を作るために必要となる葦のナイフも定められた作り方がある。

●羊皮紙または皮紙について

魔術儀式ではペンタクルの作成や様々な印章、神々の名を書き記すのに特別な羊皮紙（または皮紙）が用いられる。

魔術では、真新しく、清潔で、悪魔祓いされており、まだ1度も使用されたことがない処女の羊皮紙だけが使用可能である。

また羊皮紙として使用可能な皮は、死産された子羊から取られたもの、生殖の年齢に達していない子供の動物から取られたもの、出産前に母親の体内から取り出された動物から取られたものだけである。

いずれの場合も、羊皮紙は水星の日と時刻に、雄の動物から手に入れ、作業は誰にも見られない秘密の場所で行わなければならない。

●葦のナイフについて

羊皮紙を製作するには葦のナイフが必要なので、前もってそれを作っておかなければならない。作り方はこうだ。沼地の葦を魔術用の真新しいナイフで一撃で切り取り、葉を取り、葦の呪文を唱える。「私は祈願します。万物の創造者によりて、天使の王であるエル・シャダイの名によりて。この葦が力と徳を得て、聖なる神々の名を書くための羊皮紙を作れますように。そして、羊皮紙が徳を得て、私の業《わざ》が力を得ますように。アーメン」

それから『詩編』72編を唱え、その後で魔術用ナイフで葦をナイフの形に加工し、その上に特別な名前（AGLA, ADONAI, ELOHI）を記し、呪文を唱える。「おびただしい葦におおわれたナイルの川辺からまだ子供だったモーセを救い出した神よ。貴方の大きな憐れみと思いやりによって、この葦が私の望みを達成する徳と力を得ますように」

こうして葦のナイフができたら、羊皮紙の製作を始めるのである。

羊皮紙（または皮紙）

羊皮紙または皮紙 → ペンタクルの作成。印章や神の名を書くのに使用する。

使用できる羊皮紙には条件があるよ。

条件 → 処女の羊皮紙

死産された子羊・生殖年齢前の子供の動物・出産前に母親の体内から取り出された動物から取られたもの

葦のナイフ

葦のナイフ → 羊皮紙を作るのに必要。

葦のナイフは前もって用意しておこう。

作り方

沼地の葦をナイフで一撃で切り取る。

↓

葉を取り、葦の呪文を唱える。

↓

ナイフの形に加工し、特別な名前を記す。

葦のナイフに記す特別な記号

אגלא:אדני:
אלהי:

↓

完成

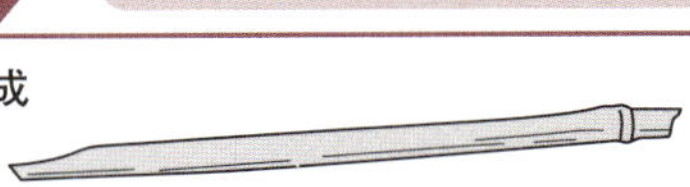

No.046

羊皮紙の製作

How to prepare virgin parchment

羊皮紙を作るには、呪文を唱えながら葦のナイフで獣の皮をはぎ、それに塩をこすりつけてから石灰に漬けるなど複雑な工程が必要である。

●葦のナイフで皮をはぎ、加工する

魔術用羊皮紙の作り方は次のとおりである。

まず、葦のナイフを使い、呪文を唱えながら獣の皮をはぐ。「アドナイ、シャダイ、テトラグラマトン。そして神の聖なる天使たちよ。現われ、この羊皮紙に力と徳を与え、そして聖別してください。アーメン」

獣の皮をはいだら、塩を取り、唱える。「神の中の神よ、この塩を祝福し聖別してください。塩の力で羊皮紙が徳を得るように。アーメン」

獣の皮に聖別した塩をこすりつけ、まる1日間日にさらす。その後、内側も外側も上薬を塗った土製の器を用意し、周りに特別な文字を記す。粉末の石灰を器の中に入れ、唱える。「オロー、ザロン、ザイノン…よ、現れてこの業を祝福してください。望みがかなうように。アーメン」

聖別された水を石灰入りの器に注ぎ、そこに獣の皮を浸す。3日後に取り出し、葦のナイフで皮に付着している石灰と肉をそぎ落とす。

ハゼルの枝を切り取り、魔法円を描くのにちょうどいい長さの杖にする。その後、処女が紡いだひもと小川の小石を取り、唱える。

「神聖にして力に満ちたアドナイよ。これらの小石に徳を与えてください。羊皮紙が十分に伸ばされるように。そして偽りが払われるように。」

魔法円の上に羊皮紙を広げ、ひもと小石で固定してから唱える。

「アグラ、ヤハウェ、イア、エマヌエルよ、この羊皮紙を祝福し、お守りください。幻が入り込まないように」

そして、そのまま3日間陰干しする。それから魔術用ナイフでひもと小石を取りのぞき、羊皮紙を魔法円から取り去り、唱える。

「アントール、アンコール、タルロスよ、この羊皮紙を守護してください」

最後に羊皮紙を薫蒸し、使用するまでシルクの布に包んでおくのだ。

羊皮紙の作り方

羊皮紙 → 自分で獣の皮をはいで、一から作る。

羊皮紙はこのように
作るのだ！

作り方

① 葦のナイフで獣の皮をはぐ。

↓

塩をこすり
つける

② 皮に聖別した塩をこすりつけ、丸1日、天日にさらす。

↓

石灰
水

③ 土製の器に石灰、水を注ぎ、皮を3日間浸す。

↓

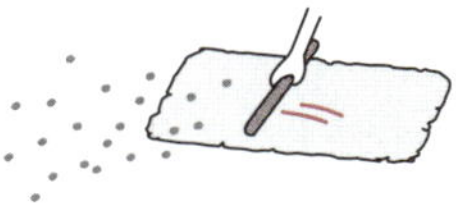

④ 皮を取り出し、付着した石灰をそぎ落とす。

↓

この羊皮紙を祝福し、
お守りください。

⑤ 魔法円を作り、羊皮紙を祝福する。

↓

⑥ 3日間陰干しした後で薫蒸し、完成。

↓

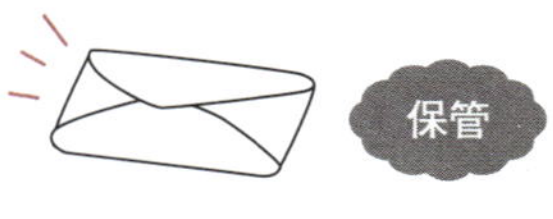
保管

⑦ 完成後はシルクの布に包んで保管する。

No.047

儀式で使う魔術書の聖別

About the consecration of the magical book

儀式の魔導書には自分で書き写した写本を用いるのが最も効果的なので、自ら羊皮紙の魔術書を製作し、聖別する作業が必要である。

●儀式で使う魔導書は自作の写本がふさわしい

魔術儀式で使用する魔導書には自分の手で書き写した写本を用いるのが最も効果的である。たとえば、印刷版の魔導書が手元にある場合でも、必要な部分を自分で書き写し、その写本を用いて魔術を行うのがよいのである。だから、自分で写本を作り、それを聖別して儀式で使用するための魔導書にする作業を行うのである。その方法は以下のとおりである。

まず、処女羊皮紙で16ページの本を作る。そして、祈りの言葉、神や霊の名、印章と記号をすべて赤いインクで書く。

魔術書を製作したら、定められた場所に白い布で覆った小さなテーブルを設ける。その上に製作した魔術書を、ペンタクルのページを開いて上にしておく。そのペンタクルは本の最初のページに描かなければならない。そして、テーブルの中央真上に吊るされたランプに火をつける。さらに、テーブルの周りを白いカーテンで囲む。

続けて魔術書聖別の儀式を行う。術者は魔術用の衣服を身につけ、魔術書を手に取り、ひざまずいて『ソロモン王の鍵』第1書16章にある次の祈りを唱える。「アドナイ、エロヒム。存在者の中の存在者よ。憐れみを垂れたまえ」それから、惑星と日にふさわしい香を焚き、本をテーブルに戻す。以上が魔術書聖別の儀式の1日分だが、この儀式の間はランプの火は灯し続け、カーテンは閉めたままにしておかなければならない。

魔術書を完成させるには、この同じ儀式を土曜日に始め、7日間続けるのである。その間、昼も夜もランプの灯を切らさずにおく。それが済んだら魔術書を閉じ、そのために特別に作ったテーブルの下の小さな引き出しに収める。そしてそれを使うときは、そのたびに魔術の衣服を着用し、ひざまずいて定められた祈りを捧げるのである。

儀式用の魔術書

儀式で使う魔術書 → 自分の手書き写本が一番効果的。

印刷本

手書き写本

たとえ印刷本を持っていても、必要な部分を書き写した方がよい。

儀式用写本の作り方

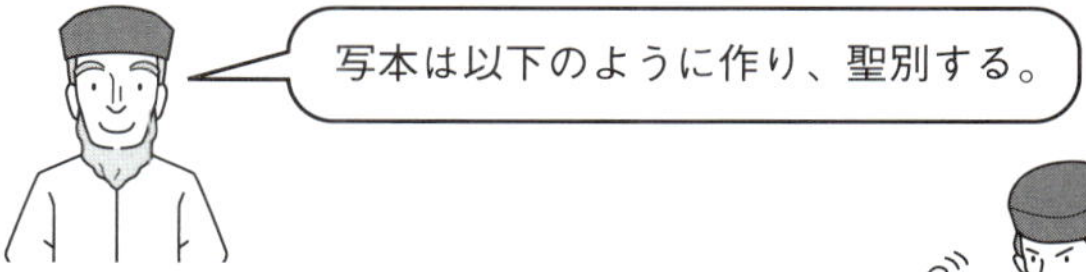
写本は以下のように作り、聖別する。

処女羊皮紙で16ページの本を作る。

↓

祈りの言葉、神や霊の名、印章と記号をすべて赤いインクで書く。

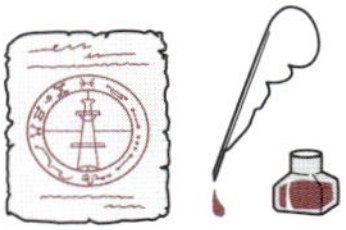

↓

白い布で覆ったテーブルにペンタクルのページを上にして置く。

↓

土曜日から始め、7日間連続で魔術書聖別の儀式を行う。そして、魔術書を保管する。

No.048

生贄とその準備について

About sacrifices to the spirits and how to make them

1度も交尾したことのない動物の肉、鳥か四足獣の血、良い霊には白い動物、悪い霊には黒い動物というように、生贄にはいろいろな規則がある。

●血・肉・炎・飲食物の生贄の規則

魔術儀式において、霊たちに生贄を提供しなければならない場合、ここに書かれていることに従わなければならない。

生贄の方法は様々で、善い霊には白い動物を、悪い霊には黒い動物を捧げるという場合もある。血が生贄とされることも、肉が生贄とされることもある。しかし、何にしても、犠牲にするのは1度も交尾したことのない動物でなければならない。また、血を生贄にする場合には、四足獣か鳥から得られたものでなければならない。そして、捧げる前には次のように唱える。「いと尊く、高貴なお方よ。我々の生贄に納得し、喜び、従順になってください」それから薫蒸と散水を生贄に対して行うのである。

ときに「炎」が生贄として捧げられることがある。この場合には召喚対象となる霊にふさわしい木を燃やさなければならない。土星の霊にはビャクシンまたはマツ、木星の霊にはツゲまたはオーク、火星の霊にはミヅキまたはヒマラヤスギ、太陽の霊にはゲッケイジュ、金星の霊にはギンバイカ、水星の霊にはハシバミ、月の霊にはヤナギである。

飲食物を生贄とする場合は、魔法円に入る前にすべての準備を整えておかなければならない。肉は清潔な良質の布で包み、清潔な白い布を広げた上に載せ、新しいパン、スパークリングワインを添えておく。鶏・アヒル・鳩などは火で焼くこと。とくに清冽な泉の水を入れた器を必ず用意しておくこと。そして、魔法円に入る前に霊たちまたはその長たちに適切な名で呼びかけ、次のように語りかける。「この饗宴に招かれた霊たちよ、たとえどこにいようとも、来りて我々の生贄を受け取りたまえ」

それから香をたいて煙で部屋を満たし、生贄に散水し、霊たちが来るまで呪文を唱えるのである。

いろいろな生贄

霊への生贄 → 動物・血・肉・火・飲食物などいろいろな方法がある。

生贄の規則

霊に捧げる生贄には、細かな規定があるので、注意が必要だ。

肉

1度も交尾したことのない動物から取らなければいけない。

血

四足獣か鳥から得たものでなければならない。

炎

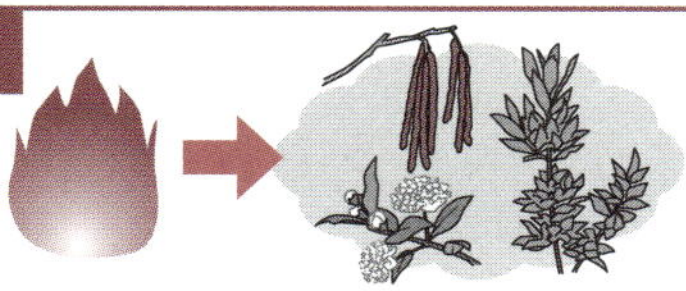

霊にふさわしい木を燃やさなければならない。

土星の霊	ビャクシンまたはマツ
木星の霊	ツゲまたはオーク
火星の霊	ミヅキまたはヒマラヤスギ
太陽の霊	ゲッケイジュ
金星の霊	ギンバイカ
水星の霊	ハシバミ
月の霊	ヤナギ

飲食物

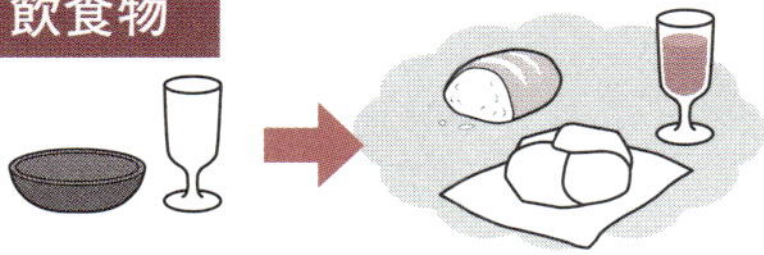

肉は清潔な良質の布で包み、清潔な白い布を広げた上に載せ、新しいパン、スパークリングワインを添えておく…などなど。

白と黒、または高等と低俗

現在、魔術を区別するのに、「白魔術と黒魔術」とか「高等魔術と低俗魔術」ということがある。それぞれ何を意味しているのだろうか？

「白魔術と黒魔術」というのは、「よい魔術」と「悪い魔術」という程度の意味である。「よい魔術」というのは、よい目的の魔術、自分にとって良い結果をもたらす魔術、よい霊（天使など）を扱う魔術のことである。それと反対の悪い魔術が黒魔術である。

このように魔術をよい魔術と悪い魔術に区別する習慣はすでに中世ヨーロッパには存在していたようだ。というのも、中世ヨーロッパでは、神が作った自然の神秘を極めるための魔術は自然魔術と呼ばれ、キリスト教会にも禁止されはしなかったが、悪魔的なものや死者の霊を呼び出す降霊術（ネクロマンシー）は邪悪な魔術とされたからだ。つまり、これが中世ヨーロッパにおける白魔術と黒魔術だったのである。とはいえ、厳密な意味では白魔術と黒魔術の区別には意味がないという見解もある。どちらも霊を扱うものであり、考え方の基本は同じだからである。

「高等魔術と低俗魔術」という大雑把な区別も似たようなものである。高等魔術は英語で「high magic」、「transcendental magic」などというが、全体として神秘主義的な魔術のことを指している。神秘主義というのは、様々な修行などによって自分自身の存在を高め、神との一体化を目指すもので、グノーシス主義やヘルメス主義に見られる思想である。東洋のヨーガもそのようなものである。低俗魔術は英語で「low magic」、「earth magic」などというが、財宝を得るとか女性の愛を得るというような、地上的な目的の魔術のことである。

こうしてみると、本書で紹介したような魔導書の魔術などは低俗な魔術といえそうだが、そうと決めつけるわけにもいかない。というのも、魔導書を何に使うかは、結局はそれを使う魔術師次第というところがあるからだ。たとえば有名な『ソロモン王の鍵』にも財宝を得る方法は書かれており、その意味では低俗魔術の書といえるが、そこにある魔術は別な目的にも使えるのである。近代の代表的魔術師エリファス・レヴィが『ソロモン王の鍵』を高等魔術の書と考えたのもそのためといっていいだろう。その意味では、魔術は錬金術の賢者の石と同じである。賢者の石は、単純に金持ちになるためにも使えるが、自分自身が神のようになるためにも使えるのである。つまり、魔術も賢者の石も使い手によって、高等にも低俗にもなるということだ。

「白魔術と黒魔術」、「高等魔術と低俗魔術」というのは魔術を区別するうえで非常に便利な言葉だが、どちらもそれほど厳密な言葉ではないのである。

第3章
有名な魔導書

No.049

魔導書の全盛期

The Great Age of Grimoires

ルネサンス時代に古代の魔術思想が隆盛したことで、民間の儀式魔術も大いに活性化し、大量の魔導書が書かれ、かつ読まれる時代になった。

●ルネサンスに刺激された魔導書の隆盛

14～16世紀のルネサンスの時代、ヨーロッパではネオ・プラトニズムという古代の魔術思想が流行した。その考えでは、天には精霊たちが住み、宇宙は生命のある有機的統一体であり、隅々までオカルト的な影響関係がおよんでいるとされた。そのため、この時代にはあらゆる魔術的活動が真実らしく見え、霊を呼び出す民間の儀式魔術までが大いなる可能性を持つものと考えられた。そして、次から次と魔導書が作られることになった。

たとえば、オカルト学者アグリッパは3巻からなる『オカルト哲学』というルネサンス魔術の本を書いたが、そのアグリッパが死ぬと間もなく『オカルト哲学 第4の書』という魔導書が作られた。7惑星に住む天使や悪魔の名前、その特徴、さらに召喚方法などについて書かれた魔導書だが、著者名としてアグリッパの名前が付いていたので大いに注目された。同じころに作られたオリンピアの7霊を扱う『魔術のアルバテル』、アバノのピエトロの手になるとされた『ヘプタメロン』なども『オカルト哲学』に便乗したような魔導書だった。

もともと人気のあった『ソロモン王の鍵』を前提にした魔導書も多く作られた。中でも有名なのは『レメゲトン』あるいは『ソロモン王の小さな鍵』だろう。ここには72の主要な悪霊の名前、姿、階級、働きなどのリストと、それを召喚し従わせるための呪文が載せられているのである。また、残酷な生贄の儀式があるために非常に不吉な書と考えられた『ホノリウス教皇の魔導書』、一般大衆に多大の影響を与えた『大奥義書』なども『ソロモン王の鍵』系列の魔導書として有名である。

このようにして、ルネサンス以降に多種多様な魔導書が作られ、現在知られている有名な魔導書が出そろうことになったのである。

ルネサンスと魔導書

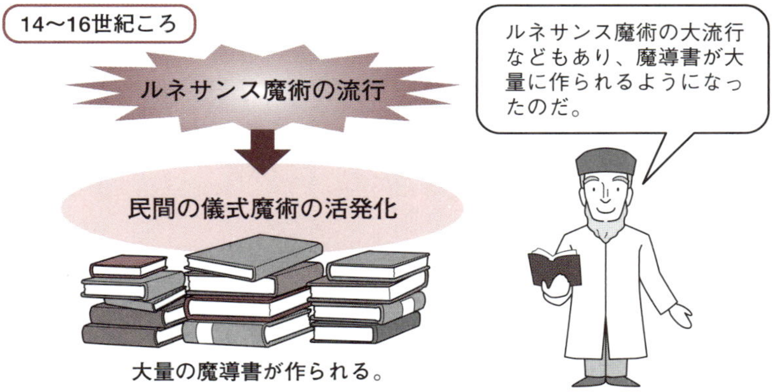
14〜16世紀ころ
ルネサンス魔術の流行
民間の儀式魔術の活発化
大量の魔導書が作られる。
ルネサンス魔術の大流行などもあり、魔導書が大量に作られるようになったのだ。

名高い魔導書の数々

題名	概要
オカルト哲学 第4の書	『オカルト哲学』の続編という名目の魔導書。
ヘプタメロン	アバノのピエトロ作とされた魔導書。
魔術のアルバテル	オリンピアの霊について書かれた魔導書。
ソロモン王の鍵	最も有名で最も人気の高かった魔導書。
小アルベール	栄光の手の作り方が載せられた魔導書。
ホノリウス教皇の魔導書	13世紀のローマ教皇の名が付けられた魔導書。
大奥義書	一般大衆への影響が大きかった魔導書。
黒い雌鳥	トレジャーハンターに人気のあった魔導書。
真正奥義書	エジプト人アリベクが書いたという黒魔術の書。
聖キプリアヌスの魔導書	北欧のトレジャーハンターに人気のあった魔導書。
モーセ第6、第7書	英雄モーセが書いたというドイツで人気の魔導書。
地獄の威圧	伝説のファウスト博士が書いたという魔導書。

No.050

レメゲトン（ソロモン王の小さな鍵）

Lemegeton, or The Lesser Key of Solomon the King

ソロモン王の72悪魔を召喚する本として有名だが、全体は５部構成であり、天空の霊や黄道12宮の天使たちを操る方法も書かれた魔導書である。

●ソロモン王に由来する５つの本を含む魔導書

『レメゲトン』は別名を『ソロモン王の小さな鍵』という魔導書である。この本は魔導書の中でも特別に有名だが、それは地獄の王国で上級役職を持つ72の霊、つまり有名なソロモン王の72悪魔について、その地位や能力、召喚方法などについて詳しい説明があるためである。

ただし、この本は決してソロモン王の72悪魔だけを解説した本ではない。『レメゲトン』は全体が次の5部から構成されている。

第1部は「ゲーティア」。これが有名なソロモン王の72悪魔を操るための魔術の書である。

第2部は「アルス・テウルギア・ゲーティア」。善でも悪でもある天空の31の精霊を操る魔術の書である。

第3部は「聖パウロの術」。時間や黄道十二宮を支配する天使たちを操るための魔術の書である。

第4部は「アルマデルの術」。アルマデルのタブレットを使い、天空の東西南北の方位を司る天使たちを操るための魔術の書である。

第5部は「名高き術」。ソロモン王が神から授けられたとされる様々な祈りや呪文の言葉を集めたものである。

これらの5部はもともと独立したものであり、『レメゲトン』が作られるより前から存在していたらしい。たとえば「名高き術」などはすでに14世紀には存在していたし、地獄の悪魔軍団を扱った「ゲーティア」も、類似の本が16世紀には存在していたのである。

このように、それぞれ独立した形で存在していたソロモン王由来の5つの本が1冊にまとめられ、17世紀のフランスで『レメゲトン』という魔導書が作られたのである。

『レメゲトン』とは

レメゲトン → ソロモン王の72悪魔が載っているのでとくに有名な魔導書。

＝

別名：ソロモン王の小さな鍵

『レメゲトン』の構成

『レメゲトン』は全部で5部から成る魔導書だよ。ソロモン王の72悪魔だけ扱ったものではないのだ。

第1部　ゲーティア

ソロモン王の72悪魔の地位・職務・能力の詳しい説明のほか、召喚のための魔法円の作り方、各悪魔を使役するのに必要なそれぞれのシジル、呪文などが書かれている。

第2部　アルス・テウルギア・ゲーティア

基本方位の霊および地獄の霊という善でも悪でもある霊たちを操る魔術の書。

第3部　聖パウロの術（アルス・パウリナ）

昼と夜の時間の天使および黄道十二宮の天使たちなどを操る魔術の書。

第4部　アルマデルの術（アルス・アルマデル）

様々な護符の作り方と天の4つ高みの席にいる霊などを操る魔術の書。

第5部　名高き術（アルス・ノートリア）

ソロモン王が実際に使っていたという祈りの言葉を集めたものである。

No.051

ゲーティア

Ars Goetia

地獄の王国で上級役職を持つソロモン王の72悪魔について、その地位や能力、召喚方法などが詳しく書かれていることでとくに有名な魔導書。

●ソロモン王の72悪魔を召喚する魔導書

『レメゲトン』(『ソロモン王の小さな鍵』)の第1部になっている「ゲーティア」は、魔導書の中でも最も有名な1冊である。「ゲーティア」はソロモン王の72悪魔の召喚方法を解説したもので、悪魔の召喚に必要な魔法円、ペンタグラムとヘキサグラム、呪文などが載せられている。また、地獄王国に君臨する72の上級悪魔の地位、印章、身体的特徴なども詳しく紹介されている。

ソロモン王が悪魔を使役したというのは有名な話だが、「ゲーティア」によれば、ソロモン王は最後には72悪魔とその配下にある悪魔軍団すべてを真鍮の壺に閉じ込めて封印し、深い湖に沈めたのである。ところが、ずっと後の時代になってバビロニア人がそれを発見し、宝物が入っていると考えてふたを開けてしまった。もちろん、72悪魔と悪魔軍団たちは自由の身になり、もといた場所に帰ってしまった。そこで、地獄に舞い戻った悪魔たちを召喚し、自分の望みをかなえるために利用する魔術が「ゲーティア」に書かれているというのだ。

地獄の悪魔王国の詳しい組織を紹介する「ゲーティア」に類した本はすでに16世紀には存在していたようだ。たとえば、ルネサンス時代のオランダ人医師ヨーハン・ヴァイヤー(1515～88年)の『悪魔の偽王国』(1577年)は多数の軍団を配下に置く69の重要な悪魔たちを解説しており、その内容は「ゲーティア」と非常に類似している。しかも、ヴァイヤーはある資料を見てこれを書いたといっているので、それが「ゲーティア」だった可能性もある。したがって、すでに16世紀にはよく知られていた「ゲーティア」を中心に置き、それにその他の独立した魔導書を加え、17世紀になって『レメゲトン』が作られたといっていいだろう。

『ゲーティア』とソロモン王の72悪魔

『レメゲトン』第1部
ゲーティア
→
ソロモン王の72悪魔の容姿・役職や召喚方法が詳しく書かれている。

●ソロモン王の72悪魔の名と役職

1	バエル	王	37	フェネクス	侯爵
2	アガレス	公爵	38	ハルファス	伯爵
3	ヴァッサゴ	王子	39	マルファス	長官
4	サミジナ	侯爵	40	ラウム	伯爵
5	マルバス	長官	41	フォカロル	公爵
6	ヴァレフォール	公爵	42	ヴェパル	公爵
7	アモン	侯爵	43	サブノック	侯爵
8	バルバトス	公爵	44	シャックス	侯爵
9	パイモン	王	45	ヴィネ	王/伯爵
10	ブエル	長官	46	ビフロン	伯爵
11	グシオン	公爵	47	ウヴァル	公爵
12	シトリ	王子	48	ハーゲンティ	長官
13	ベレト	王	49	クロセル	公爵
14	レライエ	侯爵	50	フルカス	騎士
15	エリゴス	公爵	51	バラム	王
16	ゼパル	公爵	52	アロセス	公爵
17	ボティス	伯爵/長官	53	カミオ	長官
18	バシン	公爵	54	ムールムール	公爵/伯爵
19	サロス	公爵	55	オロバス	王子
20	プルソン	王	56	グレモリイ	公爵
21	マラクス	伯爵/長官	57	オセ	長官
22	イポス	伯爵/王子	58	アミィ	長官
23	アイム	公爵	59	オリアックス	侯爵
24	ナベリウス	侯爵	60	ヴァプラ	公爵
25	グラシア・ラボラス	伯爵/長官	61	ザガン	王/長官
26	ブネ	公爵	62	ヴォラク	長官
27	ロノヴェ	侯爵/伯爵	63	アンドラス	侯爵
28	ベリト	公爵	64	ハウレス	公爵
29	アスタロト	公爵	65	アンドレアルフス	侯爵
30	フォルネウス	侯爵	66	シメイェス	侯爵
31	フォラス	長官	67	アムドゥシアス	公爵
32	アスモダイ	王	68	ベリアル	王
33	ガアプ	王子/長官	69	デカラビア	侯爵
34	フールフール	伯爵	70	セエレ	王子
35	マルコシアス	侯爵	71	ダンタリオン	公爵
36	ストラス	王子	72	アンドロマリウス	伯爵

No.052

ソロモン王の魔法円

The magical circle and triangle of Solomon

ソロモン王の魔法円は術者を悪魔から守る直径９フィートの円と、その中に悪魔を出現させて閉じ込める正三角形から構成されている。

●悪魔を召喚する最も有名な魔法円

魔法円にはいろいろな種類のものがあるが、『レメゲトン』の第1部「ゲーティア」にあるソロモン王の魔法円は、数多い魔法円の中でも最も有名なものの1つである。

「ゲーティア」によれば、この魔法円はソロモン王が邪悪な霊から身を守るために作ったものである。

魔法円は直径が9フィート、周囲には神聖な神の名が記されている。外円と内円の間にはとぐろを巻いた蛇が描かれている。蛇の身体は濃い黄色でヘブライ語の文字が書かれている。また、魔法円の外部の4か所には文字の刻まれたペンタグラム（五芒星）、内部の4か所にはヘキサグラム（六芒星）が描かれている。円の中央には赤い四角形があるが、ここに術者が立って悪魔を召喚するのである。

魔法円には魔法の三角形が付属している。魔法の三角形は高さ3フィートの正三角形で、魔法円から2フィートの距離に描く。この三角形の中に悪魔が出現するのである。

この魔法円と三角形は各部分ごとに色や文字なども細かく定められており、上を東に向けて配置するのである。

このほか、「ゲーティア」には魔道具として有名なソロモン王のペンタグラム（五芒星）とヘキサグラム（六芒星）の説明もある。それによると、ソロモン王のヘキサグラムは子牛の皮で作り、衣装の裾に付けて置くことで、出現した悪魔を人間の姿にすることができ、かつ服従させることができるという。ペンタグラムの方は金か銀で作り、胸に付けて置くことで危険を避けながら、霊に命令を下すことができるのである。どちらも図の中にはアドナイやテトラグラマトンなどの神秘的な文字が刻まれている。

『ゲーティア』掲載の魔法円と魔法の三角形

『ゲーティア』の魔法円 → 多数の魔法円の中で最も有名。

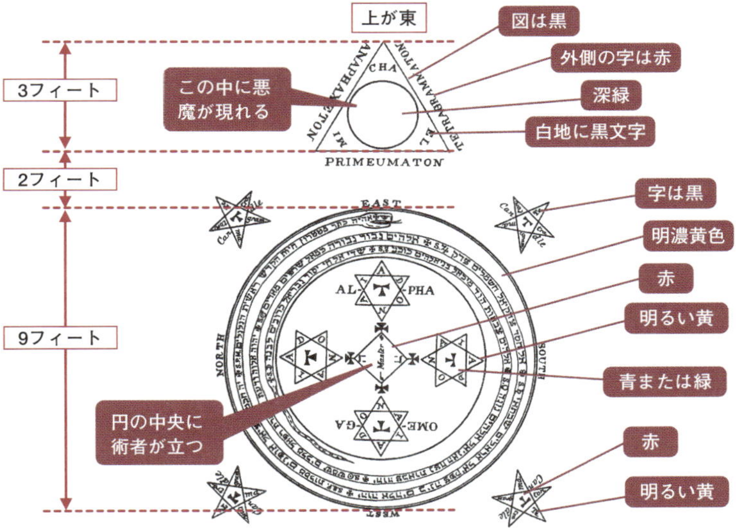
上が東
3フィート
2フィート
9フィート
この中に悪魔が現れる
図は黒
外側の字は赤
深緑
白地に黒文字
CHA
ANAPHAXETON
TETRAGRAMMATON
PRIMEUMATON
MI
EL
字は黒
明濃黄色
赤
明るい黄
青または緑
円の中央に術者が立つ
赤
明るい黄
EAST
NORTH
SOUTH
WEST
AL-PHA
OME-GA
Master

『ゲーティア』（レメゲトン）に掲載されている魔法円。術者の入る円と悪魔の現れる三角形がある。図形、文字、色など規定通りに作り、上を東にして配置する。

ペンタグラムとヘキサグラムの使い方

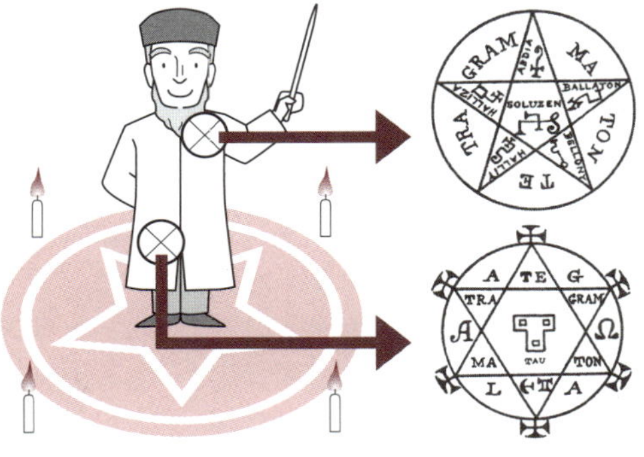
GRAM
MA
TON
TE
TRA
SOLUZEN
BALLATON
A
TE
G
TRA
GRAM
MA
TON
L
A
TAU

ソロモン王のペンタグラム。金か銀で作り、胸につけることで悪魔の危険を避ける。

ソロモン王のヘキサグラム。子牛の皮で作り、裾に付けることで悪魔を服従させる。

No.053

アルス・テウルギア・ゲーティア

Ars Theurgia Goetia

ソロモン王が召喚し、封印したという天空の31精霊を取り上げ、その名前、性質、印章、防御法、召喚呪文などを説明した魔導書。

●天空の精霊によって願望を実現する術

『アルス・テウルギア・ゲーティア』は『レメゲトン（ソロモン王の小さな鍵）』の第2部とされている魔導書である。「テウルギア」は新プラトン派の神秘的呪術のことで、語源的にはギリシャ語のthe（神）＋urgy（術）であり、「神を動かす」という意味がある。

この書はソロモン王が召喚し、封印したとされる天空の31の精霊を取り上げている。そして、その名前、性質、印章、防御法、召喚呪文などを説明している。31の精霊はみな天空を司る地位にあるが、それぞれ皇帝、王、王子などの称号がある。ただ、これらの精霊は天使ではなく、善でもあるし、悪でもある、デーモン的存在である。だから、その中に天使と類似の名前があっても、それは天使を指しているのではない。そして、これら天空を司る精霊たちの下には、それぞれに従属する多数の精霊がいる。

31精霊の職務はみな同じで、ある精霊に可能なことは別な精霊にも可能だとされている。それは、隠された物を見つけ出すこと、人の秘密を暴くこと、どんなものでも命じられたものを手に入れることである。ただ、これらの精霊はみな地水火風の四大元素のどれかに所属している。

各精霊には決まった住処があるが、それは方位磁石の指す方角に関係づけられている。だから、特定の精霊に祈るためには特定の方角を向く必要がある。呪文は数種あり、精霊によって適切なものを使用する。また、精霊を召喚するときは、その印章をラメン（ペンダント）として、胸に付けておく必要がある。そうしないと、精霊は命令に従わないのである。

ちなみに、この本と第3部の「アルス・パウリナ」の霊たちは、**トリテミウス**の「秘密書法（ステガノグラフィア）」に掲載されているものと対応関係がある。

天空の31霊を扱う魔導書

『レメゲトン』第2部
アルス・テウルギア・ゲーティア

→ ソロモン王が封印したという天空の31霊の書。

アルス・テウルギア・ゲーティアにある天空の31霊

1	カルネシエル	東の皇帝
2	カスピエル	南の皇帝
3	アメナディエル	西の皇帝
4	デモリエル	北の皇帝
5	パルメルシエル	第1王 東方皇帝配下
6	パディエル	第2王 東方皇帝配下
7	カムエル	第3王 東方皇帝配下
8	アステリエル	第4王 東方皇帝配下
9	バルミエル	第5王 南方皇帝配下
10	ゲディエル	第6王 南方皇帝配下
11	アシュリエル	第7王 南方皇帝配下
12	マセリエル	第8王 南方皇帝配下
13	マルガラス	第9王 西方皇帝配下
14	ドロシエル	第10王 西方皇帝配下
15	ウシエル	第11王 西方皇帝配下
16	ガバリエル	第12王 西方皇帝配下
17	ラシエル	第13王 北方皇帝配下
18	シュミエル	第14王 北方皇帝配下
19	アルマディエル	第15王 北方皇帝配下
20	バルカス	第16王 北方皇帝配下
21	ゲラディエル	第1の放浪王子
22	ブリエル	第2の放浪王子
23	ヒドリエル	第3の放浪王子
24	ピリシエル	第4の放浪王子
25	エモニエル	第5の放浪王子
26	イコシエル	第6の放浪王子
27	ソテリエル	第7の放浪王子
28	メナディエル	第8の放浪王子
29	マカリエル	第9の放浪王子
30	ヴリエル	第10の放浪王子
31	ビュディエル	第11の放浪王子

用語解説

●**トリテミウス→**1462～1516年。ルネサンス期の修道院長にしてオカルト主義者。暗号法を集大成した「秘密書法（ステガノグラフィア）」を書き上げ、近代暗号の父といわれる。

No.054

アルス・パウリナ（聖パウロの術）

Ars Paulina (Pauline Art)

聖パウロに発見されたともいわれるこの魔導書では、時間および黄道十二宮を支配する善き霊を召喚し、望みをかなえることを目的にしている。

●天界の天使たちに呼びかける書

『アルス・パウリナ』は現在は『レメゲトン（ソロモン王の小さな鍵）』の第3部とされている魔導書だが、単独の書として中世から知られていた。この本の中ではソロモン王の一書とされているが、それとは別にこの書は聖パウロによって発見されたという伝説もある。

この書の目的は時間や黄道十二宮を支配する善き霊たちを召喚することで、そのために必要な魔法円、各天使の印章、呪文、彼らを召喚するのにふさわしい占星術的な時間などが順番に紹介されている。

内容は天使の分類に応じて2章に分かれている。

第1章では昼と夜、合計24時間を支配する日の天使が対象となっている。各時間ごとに1人の支配天使がおり、その下に直属の8人の公爵天使がいる。その下にはさらに多数の天使たちが従属している。たとえば、昼の第1時間目の支配天使はサマエルであり、8人の公爵天使はアメニエル、シャルポン、ダロジエル、モナジエル、ブルミエル、ネストリエル、クレマス、メレジンで、その下に444人の天使が従属している。これら24時間の天使たちは7惑星に属する事柄を支配しており、その惑星が関わることならなんでも実現できるのである。

第2章は黄道十二宮を支配する12人の天使たちを対象にしている。このほかに、黄道十二宮はそれぞれが1度ずつの角度で30分割されており、全部で360度分の天使がいる。そして、天使たちはみな地水火風の四大元素の1つと結びついている。人間はみな誕生した日時によって黄道十二宮と結びついているが、その結びつきによってこれらの天使に支配されているのである。そして、人間はその天使に祈ることですべての技術や専門知識を得ることができるのだという。

天界の天使たちの魔導書

『レメゲトン』第3部
アルス・パウリナ

24時間の天使、黄道12宮の天使を召喚するための魔導書。

1日の24時間の天使たち

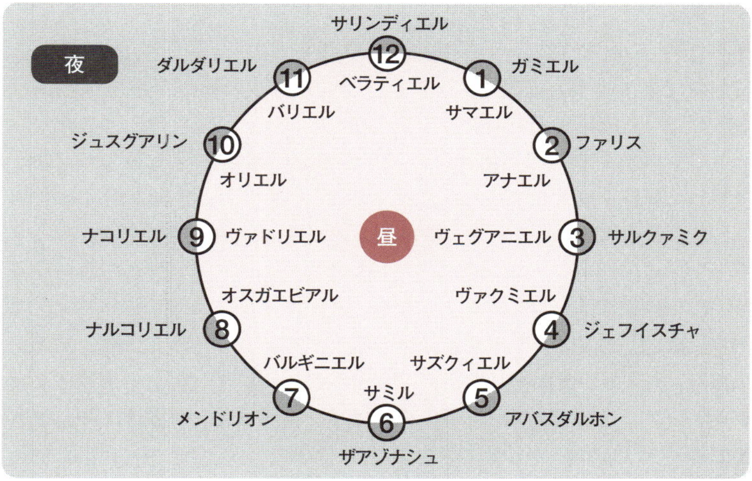
夜
昼
12 サリンディエル
ベラティエル
1 ガミエル
サマエル
2 ファリス
アナエル
3 サルクァミク
ヴェグアニエル
4 ジェフイスチャ
ヴァクミエル
5 アバスダルホン
サズクィエル
6 ザアゾナシュ
サミル
7 メンドリオン
バルギニエル
8 ナルコリエル
オスガエビアル
9 ナコリエル
ヴァドリエル
10 ジュスグアリン
オリエル
11 ダルダリエル
バリエル

黄道12宮の天使たち

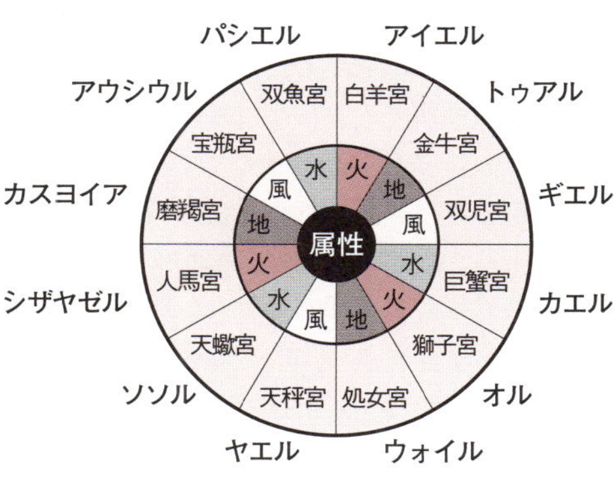
属性
白羊宮 火 アイエル
金牛宮 地 トゥアル
双児宮 風 ギエル
巨蟹宮 水 カエル
獅子宮 火 オル
処女宮 地 ウォイル
天秤宮 風 ヤエル
天蠍宮 水 ソソル
人馬宮 火 シザヤゼル
磨羯宮 地 カスヨイア
宝瓶宮 風 アウシウル
双魚宮 水 パシエル

No.055

アルマデルの術

Ars Almadel(The Art of the Almadel)

魔道具アルマデルのタブレットを使って天の高みにある東南西北の四極を司る20人の天使たちを召喚し、願望をかなえる魔導書。

●アルマデルのタブレットで天使を呼ぶ

『アルマデルの術』は『レメゲトン(ソロモン王の小さな鍵)』の第4部とされている魔導書である。

この書のテーマは天の高みにある東南西北の四極を司る20人の天使を召喚し、願望を成就してもらうことである。天の360度の全方位は12の宮に分かれており、3つの宮を一組みにすることで、東南西北の4方向とするのである。20人の支配天使は各方位にそれぞれ5人ずつ配置されている。第1極の東はアリミエル、ガブリエル、バラキエル、レベス、ヘリソンである。第2極の南はアフィリザ、ゲノン、ゲロン、アーモン、ゲレイモンである。第3極の西はエリファニアサイ、ゲロミロス、ゲドボナイ、タラナヴァ、エロミナである。第4極の北はバーカイエル、**ゲドイエル**、**ゲドイエル**、デリエル、カピティエルである。

これらの天使を召喚するには、まずアルマデルのタブレット(銘板)を作る必要がある。このタブレットは純粋な白ろうで作り、その上に定められた文字やペンタクルなどの記号を刻む。また、同じ白ろうで4本のロウソクを作り、タブレットの四隅に立てる。

次に紋章を作る。これは純銀でもよいができれば純金で作り、その上に3つの名前HELL、HELION、ADONAIJを刻む。

こうして準備を整えたらロウソクに点火し、目的の方位の天使たちに祈り、呪文を唱えるのである。それで、天使が出現するのだという。

ただ、目的とする天使に応じて、儀式を行う日時を正しく選ぶ必要がある。天の四極は黄道十二宮上にそれにふさわしい時間帯を有しているからだ。また、天の四極に応じた色などにも注意する必要がある。これらの事柄も『アルマデルの術』の中で簡単に解説されている。

方位の天使の魔導書

『レメゲトン』第4部
アルス・アルマデル
→ 天の東南西北の四極を司る20人の天使を召喚するための魔導書。

20人の支配天使は以下の通り。

東	南	西	北
アリミエル	アフィリザ	エリファァニアサイ	バーカイエル
ガブリエル	ゲノン	ゲロミロス	ゲドイエル
バラキエル	ゲロン	ゲドボナイ	ゲドイエル
レベス	アーモン	タラナヴァ	デリエル
ヘリソン	ゲレイモン	エロミナ	カピティエル

アルマデルのタブレット

各方位の支配天使を召喚するには、下のようなアルマデルのタブレットが必要になる。

アルマデルのタブレット

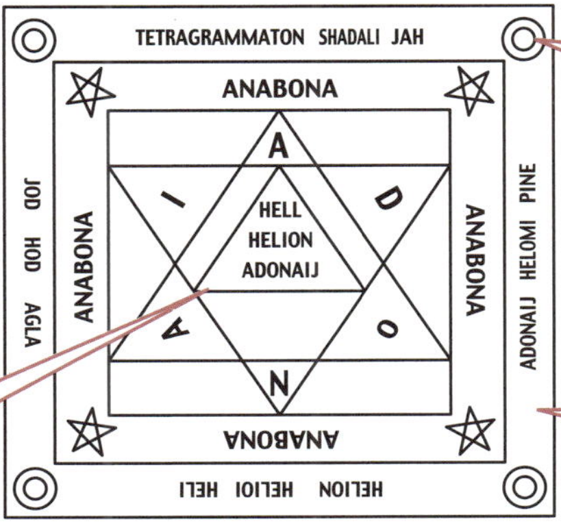
TETRAGRAMMATON SHADALI JAH
ANABONA
A
I
D
A
O
N
HELL
HELION
ADONAIJ
JOD HOD AGLA
ANABONA
ANABONA
ADONAIJ HELOMI PINE
ANABONA
HELION HELIOI HELI
ろうそく
純銀または純金の紋章
白蝋の台

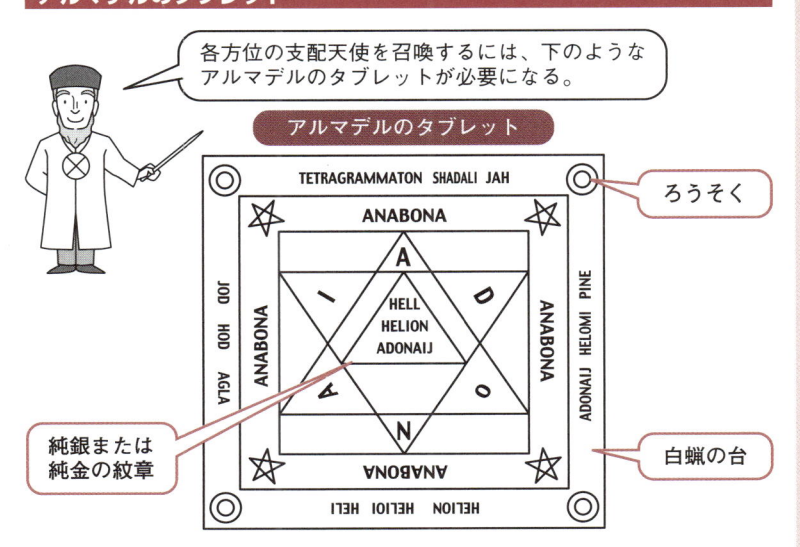

用語解説

●**ゲドイエル→**同じ名が2つあるが、別の天使なのかは不明。

No.056

名高き術

Ars Notoria (The Notable Art)

天使を召喚し、自由七科の専門知識やその他の技術、雄弁や神秘的な体験を得ることを目的とし、非常に古くから存在していた高級な魔導書。

●専門知識や技術を得るための高尚な魔術書

『名高き術』はソロモン王と関係する非常に古くからある魔導書である。この書は、現在では『レメゲトン（ソロモン王の小さな鍵）』の第5部として知られているが、中世には単独の魔導書とされており、1300～1600年の間に50冊以上の写本が出回っていたという。

旧約聖書『歴代誌下』にソロモンと神の次のような対話がある。

《「今このわたしに知恵と識見を授け、この民をよく導くことができるようにしてください。そうでなければ、誰が、あなたのこの大いなる民を裁くことができましょうか。」

神はソロモンに言われた。「あなたはこのことを望み、富も、財宝も、名誉も、宿敵の命も求めず、また長寿も求めず、わたしがあなたをその王として立てた民を裁くために、知恵と識見を求めたのだから、あなたに知恵と識見が授けられる。またわたしは富と財宝、名誉もあなたに与える。あなたのような王はかつていたことがなく、またこれからもいない。」》

「名高き術」はこの物語を前提に作られたもので、この書は神から送られた天使によってソロモン王に授けられたとされている。

この書は財宝を探し当てたり、政敵を蹴落としたり、異性の愛を手に入れることを目的とした多数のその他の魔導書とは大いに違っているという特徴がある。この書の目的は、天使を召喚し、自由七科（文法、論理学、修辞学、算数、幾何学、天文学、音楽）の専門知識やその他の技術、雄弁や神秘的な体験を得ることなのである。そして、そのために必要となる祈りの言葉や、神秘的な図形や符号、清めの儀式のことなどが説明されている。祈りの言葉にはヘブライ語、ギリシア語なども混じっている。ただ、17世紀ころから登場したラテン語版には符号や図形は含まれなかった。

歴史ある魔導書

『レメゲトン』第5部
名高き術
→
中世には単独の魔導書だった。
14〜16世紀ころ多数の写本があった。

『名高き術』の目的

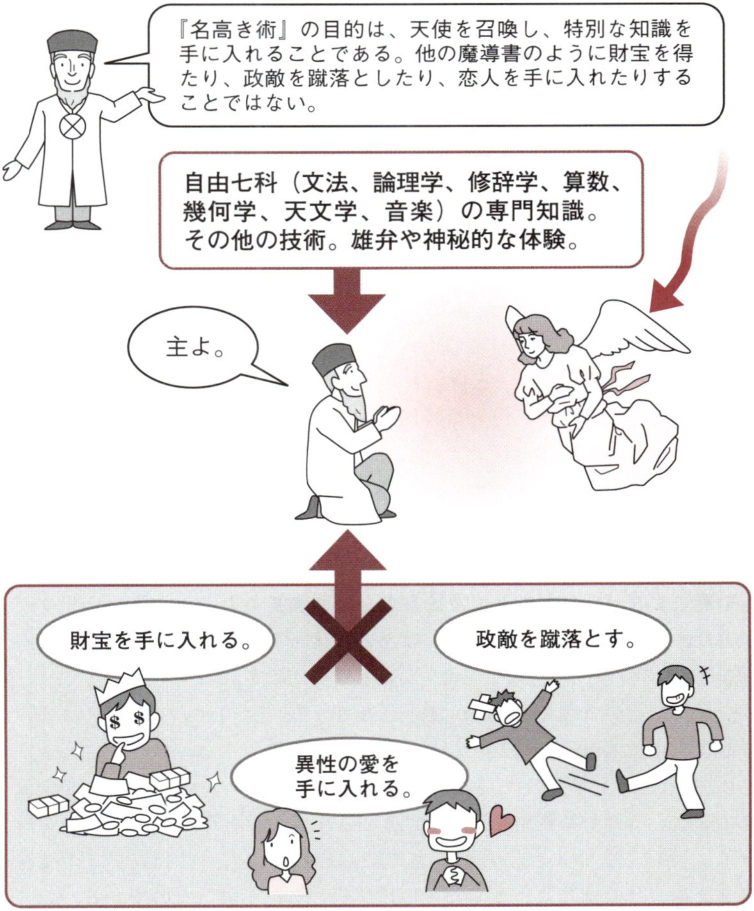
『名高き術』の目的は、天使を召喚し、特別な知識を手に入れることである。他の魔導書のように財宝を得たり、政敵を蹴落としたり、恋人を手に入れたりすることではない。
自由七科（文法、論理学、修辞学、算数、幾何学、天文学、音楽）の専門知識。その他の技術。雄弁や神秘的な体験。
主よ。
財宝を手に入れる。
政敵を蹴落とす。
異性の愛を手に入れる。

No.057

モーセ第6、第7書

The Sixth and Seventh Books of Moses

古代ユダヤの英雄モーセによって書かれたといわれ、ドイツで流行したこの魔導書は移民たちの手で新大陸にも持ち込まれ、非常な悪名を高めた。

●殺人事件を呼ぶ不吉な魔導書

『モーセ第6、第7書』は古代ユダヤの英雄モーセ（p.38参照）によって書かれたとされている魔導書である。実際の成立時代は不明だが、18世紀には写本や印刷されたパンフレットの形で、ドイツやその周辺地域に出回っていた。1849年にはシュツットガルトの出版業者ヨハン・シーブルによって初めて完全版が印刷され、人気を博した。その人気はドイツ本国だけにとどまらなかった。アメリカのペンシルバニア州にはドイツ系移民が多く移住したが、その地でも『モーセ第6、第7書』は人気があった。彼らの中には、魔法をかけられた人々を癒したり、敵の魔法使いと戦ったりする、ヘックスドクターと呼ばれる呪術医がおり、『モーセ第6、第7書』が必需品とされていた。それは特別な守護の力を持つと信じられていたからだ。その他の魔導書と同じように、宝探しにも大いに役立つとされた。しかし、『モーセ第6、第7書』の最大の特徴は、現実に殺人事件を引き起こすと信じられたほどの、その不吉な評判だった。

たとえば、1916年にペンシルバニア州の蹄鉄工ピーター・リースが友人の農夫アブラハム・フィックを殺し、斧で首を切り落とすという事件が起きた。この事件の直前、リースはある炭焼き職人を訊ねたが、この男が『モーセ第7の書』を持っており、「フィックに殺されるぞ」といってリースを脅したというのである。つまり、『モーセ第7書』のせいでリースは狂ってしまい、殺人事件を起こしたと人々は考えたのである。

1924年には、ドイツのヴェストファーレンに住むフリッツ・アンゲルシュタインという男が家族8人を殺害するという事件があり、その自宅に『モーセ第6、第7書』があったと報道された。そして、人々は犯人がこの魔導書を読み、その言葉に従って殺人事件を起こしたと信じたのである。

英雄モーセが書いた魔導書？

モーセ第6、第7書 → 18世紀ドイツのグリモワール。
旧約聖書の英雄モーセの作！?

↓

1849年にシーブルが初の完全版を出版する。

↓

アメリカでも大人気に！

不吉すぎる魔導書

『モーセ第6、第7書』は殺人事件を引き起こす不吉な本だと多くの人々に信じられた。

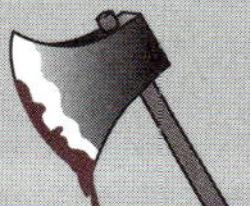

1916年、ペンシルバニア州の蹄鉄工ピーター・リースは『モーセ第7書』のせいで友人の農夫アブラハム・フィックの首を斧で切り落としたという。

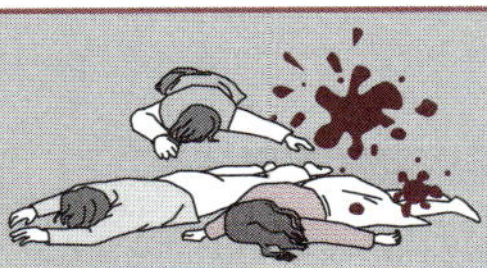

1924年、ドイツのヴェストファーレンに住むフリッツ・アンゲルシュタインという男が家族8人を殺害。自宅に『モーセ第6、第7書』があったと報道された。

No.058

簡単で誰でもできるモーセの魔術

Easy available magic of moses

簡単な護符と数語の呪文だけで、宝物を発見したり、幸運を呼び寄せたりするだけでなく、聖書の中で英雄モーセが行った魔術さえも実現する。

●簡単な護符と言葉で可能なモーセの魔術

聖書によれば、モーセはエジプトの魔術師と戦い、杖を蛇に変えたり、イナゴを大量発生させたり、水を血に変えたり、様々な奇跡を起こして打ち破ったとされている。そのとき、モーセが行った魔術をまとめたものが『モーセ第6、第7書』なのだといわれる。ただし、1849年にフィーブルが出版した『モーセ第6、第7書』の完全版には、古くから存在していたという『モーセ第6、第7書』のいくつかのタイプが収められている。

最初にあるのが最新版の『モーセ第6、第7書』らしい。この版の『モーセ第6書』には各種天使を支配する印形、四大や7惑星の精霊を支配する印形など、7つの印形と呪文が紹介されている。また、『モーセ第7の書』には四大の霊や惑星の霊を支配するための12のテーブルと呪文が収められている。どの魔術も、宝物を発見したり、幸運を呼び寄せたり、不幸から身を守るのに役立つものである。

これに続いて掲載されている別のタイプの『モーセ第6、第7書』は、オリジナルの流れを汲むカバラ的魔術に属するものとされている。ここで紹介されているのは、聖書の物語の様々な場面でモーセが使用した魔術を行うための印形と呪文である。たとえば、杖を蛇に変える、大量のイナゴを発生させる、水を血に変えるとかいうものである。

また、『モーセ第6、第7書』には付録として、堕天使の仲間とされる7柱の偉大な王子を召喚するための魔法円なども紹介されている。

これらの魔術の特徴はとにかくシンプルだということである。『モーセ第6、第7書』の魔術に必要とされるのは、ほとんどの場合、簡単な護符と数語の呪文だけなのである。この書に根強い人気があったのも、理由はその魔術の簡単さにあったのかもしれない。

『モーセ第6、第7書』の魔術

モーセ第6、第7書 → 聖書の中でモーセが行った魔術がまとめられているという。

聖書では、モーセはこんな奇跡を起こしたとされている。

- 杖を蛇に変えた。
- イナゴを大量発生させた。
- 水を血に変えた。
- シラミと虻を大発生させた。

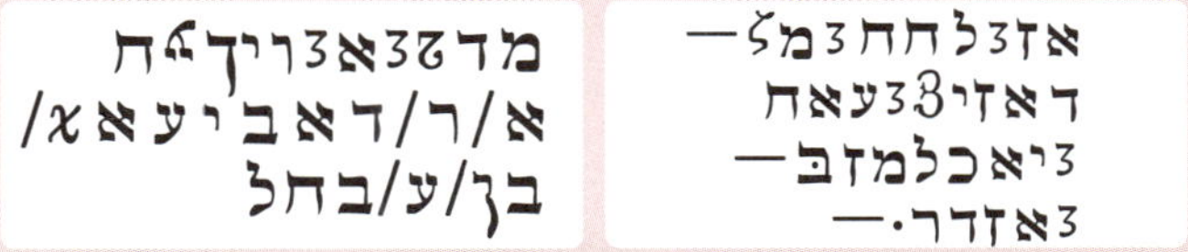

『モーセ第6、第7書』によると、左が杖を蛇に変える印形、右がイナゴを発生させあたりを闇にする印形である。

大地の宝物を得る護符と呪文

『モーセ第6、第7書』では、大地の宝を得るのも簡単な護符と呪文で済むのだ。

護符

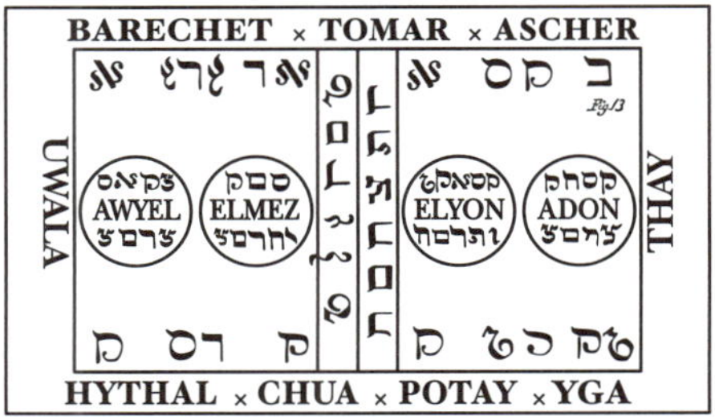
BARECHET × TOMAR × ASCHER
UWALA
THAY
AWYEL
ELMEZ
ELYON
ADON
HYTHAL × CHUA × POTAY × YGA

呪文

私は汝に命じる。アウィジェルよ。オゼオス、エルメズ、アギオスの名において。私は汝に命じる。アヘナオス・エリオンよ。そして、アドンよ。ゼバオトの名において。

No.059

ホノリウス教皇の魔導書

The Grimoire of Pope Honorius (Grimoire du Pape Honorius)

13世紀初頭のローマ教皇によって書かれたというこの魔導書は、黒い雌鳥の惨酷な生贄を必要としたことでとくに邪悪なものとされた。

●パリで『ソロモン王の鍵』に次ぐ人気を得た魔導書

『ホノリウス教皇の魔導書』は、1700年ころのパリで『ソロモン王の鍵』に次ぐ人気を得ていた魔導書である。人気の理由はその中に財宝を見つけ出す魔術が含まれていたからだ。そのころのパリには世間から隠れた魔術界があったが、そうした人々にとって、『ソロモン王の鍵』や『ホノリウス教皇の魔導書』の写本を持っていることが、ある種のステータスになっていたという。魔導書の作者は13世紀初頭のローマ教皇で、魔術師だったという伝説もあるホノリウス3世だとされている。しかし、実際には17世紀後半にローマで出版されたものである。

その内容は、東西南北および各曜日に配属された堕天使たちを特定の魔法円を使って呼び出し、命令を実行させるというものだ。しかも、魔術の前段階として、黒い雌鳥を生贄にするという残酷な儀式がある。このためにこの魔導書は一層忌み嫌われる邪悪なものとされたのである。

『ホノリウス教皇の魔導書』という題名はそれより古い『ホノリウスの誓約書』という書から採られたらしい。この書はすでに13世紀初頭には存在していたという記録がある。この書の成立年代はわからないが、伝説によれば、811年にナポリ、アテネ、トレド、テーベなどの魔術の達人たちが集まり、魔術会議を開催した。このとき、テーベのホノリウスという人物が責任者となって、魔術の知識を本にまとめることになった。こうしてできあがったのが『ホノリウスの誓約書』だという。

ここに登場したテーベのホノリウスはローマ教皇とは関係ない人物である。しかし、やがてテーベのホノリウスの伝説は忘れられ、魔術師ともいわれたローマ教皇ホノリウス3世と混同されるようになった。その結果として、『ホノリウス教皇の魔導書』が作られることになったのである。

人気のあった魔導書

ホノリウス教皇の魔導書

- 17世紀に成立し、『ソロモン王の鍵』に次ぐ人気を得た。
- 13世紀のローマ教皇ホノリウス3世の作と伝えられる!?
- 血みどろの残酷な儀式で有名。
- 悪魔召喚の書。

L
M
M·D

『ホノリウス教皇の魔導書』の表紙の謎の絵。

『誓約書』から『魔導書』へ

『ホノリウス教皇の魔導書』という題名は、ずっと昔の『ホノリウスの誓約書』から取られたようだ。

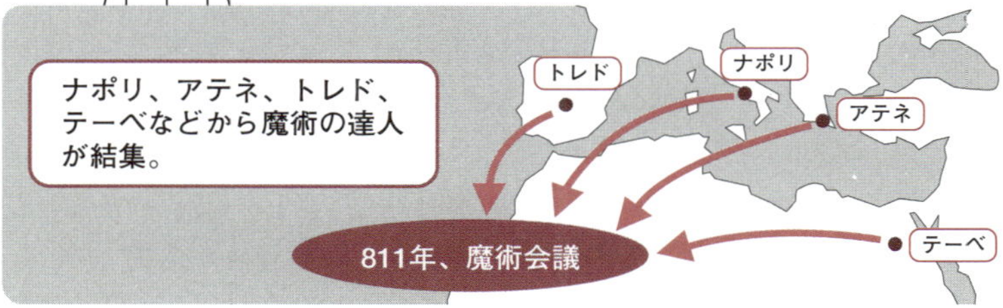
ナポリ、アテネ、トレド、テーベなどから魔術の達人が結集。
トレド
ナポリ
アテネ
テーベ
811年、魔術会議

テーベのホノリウスという人物が魔術の知識をまとめる。

↓

『ホノリウスの誓約書』が完成する。

↓

17世紀に題名の一部を拝借した『ホノリウス教皇の魔導書』が完成し、人気を得る。

No.060

ホノリウス教皇の魔術

Contents of “The Grimoire of Pope Honorius”

東西南北の王と各曜日の堕天使たちを召喚して願望をかなえるには、黒い雌鳥の目玉をえぐり出すような残酷な生贄の儀式が必要だった。

●東西南北の王と各曜日の悪魔を召喚する

『ホノリウス教皇の魔導書』は様々な霊や堕天使を呼び出し、命令を実行させるための魔導書である。

悪書としての最大の特徴は、悪魔召喚の前に、残酷な儀式が必要になることだ。それは、黒い雌鳥を殺し、両目をえぐり出したうえで、舌と心臓を取り出し、それを天日に干してパウダー状にし、魔法円などを描く羊皮紙の上に振り撒くというものである。また、羊皮紙を取るためにも、子羊を殺す儀式が必要になる。こうした儀式と祈り、3日間の断食の後で、いよいよ堕天使たちを呼び出すことになるのである。

ここで召喚できるのは東西南北の王と週の各曜日の堕天使である。

魔導書によれば、東西南北の王は、東はマゴア、南はエギム、西はバイモン、北はアマイモンである。また各曜日の悪魔は、月曜はルシファー、火曜はフリモスト、水曜はアスタロト、木曜はシルカルデ、金曜はベカルド、土曜はグランド、日曜はスルガトだとされている。

これらの霊のうちある者は特定の願望を実現するために呼び出すようだ。つまり、火曜のフリモストは名誉と威厳を手に入れるため、水曜のアスタロトは王や人々の好意を得るため、木曜のシルカルデは幸福と財宝を得るため、日曜のスルガトは財宝の発見と移動である。これ以外の霊たちは一応どんな望みでもかなえてくれるようである。とはいえ、もし財宝を得たいなら、やはりシルカルデかスルガトを召喚するのがいいのだろう。

これらの霊を召喚するには、それぞれに特定の魔法円やペンタクル、祈りが必要になる。たとえば、東西南北の王を召喚するにはソロモン王の魔法円とペンタクルが必要だとされている。また、各曜日の霊を召喚するにはそれぞれに専用の魔法円が必要になるのである。

残酷な儀式で有名

有名な残酷な儀式 → 黒い雌鳥を殺し、両目をえぐり出し、舌と心臓を取り出し、それを天日に干してパウダー状にし……

え〜ん
ぼくにはとてもできないよ〜。
クックックッ
トトト

召喚する悪魔たち

『ホノリウス教皇の魔導書』ではこんな悪魔たちを服従させることができる。

各方位の王	
東	マゴア
南	エギム
西	バイモン
北	アマイモン

→ 各方位の王を召喚するには右の魔法円を使う。

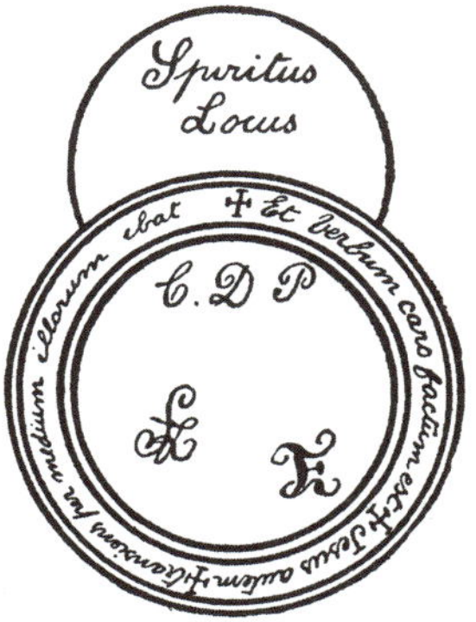
Spiritus
Locus
C.D.P

各曜日の悪魔	
月曜	ルシファー
火曜	フリモスト
水曜	アスタロト
木曜	シルカルデ
金曜	ベカルド
土曜	グランド
日曜	スルガト

→ 各曜日の悪魔を召喚するにはそれぞれに専用の魔法円が必要。右はフリモスト用だ。

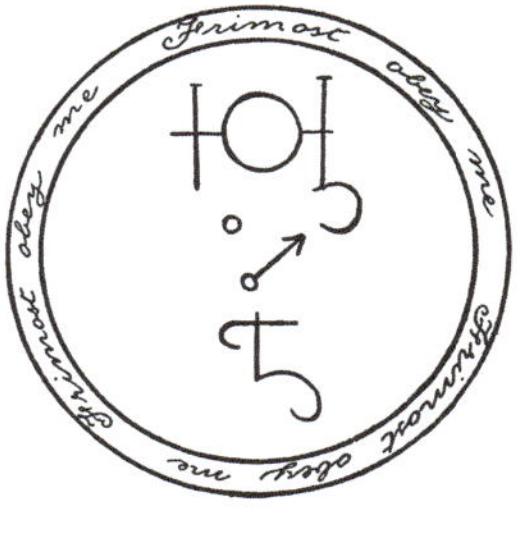
Frimost
obey me

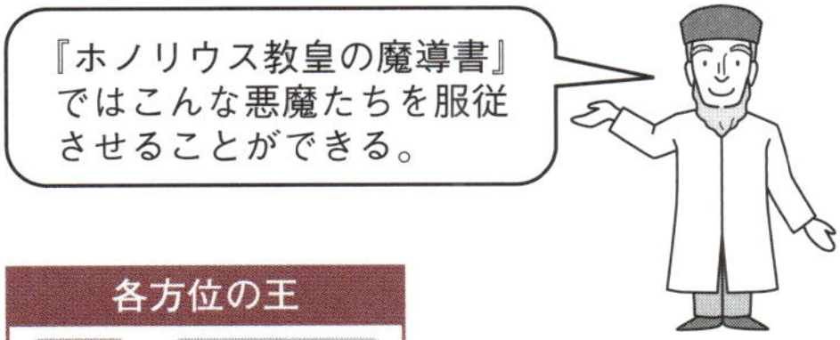

No.061

大奥義書（グラン・グリモワール）

Grand grimoire

地獄の宰相ルキフゲ・ロフォカレを召喚して財宝を手に入れる魔導書は、非常に分かりやすい内容で一般大衆に最大級の影響を与えた。

●フランスの一般大衆に最大の影響を与えた魔導書

『大奥義書』はその内容が整っており、理解しやすく、人々に悪影響をおよぼしやすいという意味で悪名高い黒魔術の書である。18～19世紀のフランスでは数多くのグリモワールが出回ったが、その中でも一般大衆に最大の影響を与えたといえるのが『大奥義書』だった。この本自体には1522年に作られたと書かれているが、実際は1750年ころにイタリアで作られ、大量販売用の廉価本として印刷され、大いに流行したようである。

一般にグリモワールでは悪魔と契約するなどという危険を冒すことはないが、この書では悪魔と契約を結ぶという特徴がある。つまり、『大奥義書』は地獄の悪魔の宰相ルキフゲ・ロフォカレを召喚し、隠された財宝のありかを聞き出すために契約を結ぶという、危険な内容の本なのである。しかも、『大奥義書』はただ単に悪魔と契約するための手段が記されたグリモワールではなく、「この本を持っていることが、悪魔との契約の一部だ」とさえ考えられたのだ。また、この本によればルキフゲは地上の財宝の管理者とされていたので、この時代のフランスではルキフゲ・ロフォカレこそ宝探しに最も必要な精霊だと考えられたのである。

ただし、悪魔と契約するといっても、『大奥義書』の場合はソロモン王の大呪文と魔法杖の威力で、無理やりに術者に有利な契約をするのであって、間違っても命を取られるような危ない契約をするのではない。その意味では本質は他のグリモワールと変わらないといっていいものである。

19世紀初頭には、『大奥義書』は『赤い竜（Dragon rouge)』という別のタイトルで出版され、『小アルベール』に匹敵するほどの悪名高い本となった。19世紀のフランスでは一般大衆の多くが『赤い竜』を欲しがり、魔術師たちは聖書の代わりに『赤い竜』を持ち歩いたのである。

『大奥義書』の特徴

大奥義書

- 18世紀イタリアで作られた黒魔術書。
- 悪魔と契約する珍しいグリモワール。
- 宰相ルキフゲ・ロフォカレを召喚し、大金を手に入れる方法が詳述されている。

↓

19世紀には『赤い竜』というタイトルで出版され、一般大衆に支持された。

悪魔の宰相ルキフゲ・ロフォカレとは？

悪魔ルキフゲ・ロフォカレ

↓

- 地上の財宝の管理者
- 宝探しに最も必要な精霊

フランスでは、ルキフゲ・ロフォカレは宝探しの神のような存在だったのだ。

ルキフゲ・ロフォカレ

No.062

『大奥義書』の目的

The purposes of “Grand grimoire”

『大奥義書』を使えば、悪魔宰相ルキフゲを含めて全部で６人いる地獄の次席上級悪魔のいずれかを召喚し、悪魔に応じた目的を達成できた。

●次席上級６悪魔を自由に操る

『大奥義書』といえば、悪魔の宰相ルキフゲ・ロフォカレを呼び出して財宝を手に入れる魔導書として有名である。しかし、この魔導書の目的は決してそれだけではない。

『大奥義書』によると、悪魔界には無数の悪魔がいるが、上位の者には3大支配悪魔、次席上級6悪魔、18属官という席次がある。

3大支配悪魔は皇帝ルシファー、王子ベルゼブブ、大公アスタロトである。この下に次席上級悪魔の6名がいるが、彼らはそれぞれ特別な権力をルシファーから与えられている。これら6名の名とその権限は次のとおりである。宰相ルキフゲ・ロフォカレ。彼は皇帝ルシファーから世界の富と財宝を支配する権限を与えられている。大将軍サタナキア。あらゆる女性を従属させる力がある。将軍アガリアレプト。国家機密を暴く力がある。中将フルーレティ。夜間業務を担当し、雹を降らせる力がある。准将サルガタナス。人の透明化・転送・透視術・死霊術などを司っている。元帥ネビロス。悪事を遂行する権限があり、博物的知識を与える力がある。

次席上級6悪魔にはそれぞれに属官として3悪魔が配置され、全部で18属官がいる。そしてその配下に無数の悪魔が従属しているのである。

このうち実際に召喚して使役するのは次席上級6悪魔である。あくまでも皇帝ルシファーに祈ってその許可を得たうえで、目的に応じてこれらの悪魔を使い分けるのである。したがって、『大奥義書』の魔術によって、宰相ルキフゲ・ロフォカレ以外の次席上級悪魔を召喚すれば、財宝を手に入れるのとは別の目的も達成できるのである。

その具体的な一例として、『大奥義書』ではルキフゲ・ロフォカレを召喚し、財宝を手に入れる方法を詳しく説明しているのである。

『大奥義書』の内容

『大奥義書』の2大テーマ

① 宰相ルキフゲ・ロフォカレを召喚し、大金を手に入れる方法の説明。

② 目的に応じて悪魔を使い分けるための、悪魔界の組織の説明。

↓

悪魔界の上級組織

3大支配悪魔

皇帝ルシファー　王子ベルゼブブ　大公アスタロト

次席上級6悪魔

宰相ルキフゲ・ロフォカレ	富と財宝を支配する。
大将軍サタナキア	あらゆる女性を従属させる。
将軍アガリアレプト	国家機密に通じている。
中将フルーレティ	夜間業務および雹を降らせる。
准将サルガタナス	人の透明化・転送・透視術・死霊術。
元帥ネビロス	悪事の遂行と博物的知識。

18属官	次席上級6悪魔のそれぞれに3名ずつ従属している。

↓

以上の悪魔界の組織と悪魔の役割を学び、目的に応じて次席上級6悪魔のいずれかを召喚するのである。

No.063

悪魔宰相ルキフゲ召喚の準備

Preparations to conjure up Lucifuge Rofocale

悪魔宰相ルキフゲを召喚するには、1週間は女人を断って身を清め、ハシバミの枝で魔法杖を作るなどの必要な準備を整えなければならない。

●ルキフゲ召喚のための魔法円を作る

『大奥義書』によれば、悪魔宰相ルキフゲ・ロフォカレを召喚するには次のような準備が必要である。まず、悪魔を呼び出す直前の1週間は女人との関係を断つなどして身を清める。食事は1日2回とし、食事の前には主に祈りを捧げる。悪魔の召喚は1人あるいは3人で行うべきで、必要ならば2人の助手を見つけておく。そして、召喚作業を行う場所として廃墟や古城のような静かでさびしい場所を見つけておく。また、宝石の血玉髄（ブラッドストーン）と処女が作った2本の新しい蝋燭《ろうそく》、新品の火桶、ブランデー、樟脳、石炭を用意する。さらに子山羊を殺して皮をはいで細くて長い紐を作る。子供の死体を収めた棺から抜き取った4本の釘もなければいけない。悪魔を召喚した際に、悪魔が魔法円に近づきすぎたとき、それを追い払うのに役立つので金貨や銀貨を紙に包んでおいてもよい。

決行日の前夜には1度も果実がなったことのない野生のハシバミの木で、魔法杖にするのにちょうどよい枝のあるのを見つけておく。そして早朝、太陽が地平線からのぼる瞬間に1度も使ったことのない真新しい小刀で、その一枝を切り取り、長さ19インチ半の魔法杖を作る。

すべての準備が整ったら、作業を行う場所に行き、いよいよ悪魔の召喚である。最初にするのは、地面の上または床の上に魔法円を描くことである。円は子山羊から剥いだ皮をひも状にしたもので作り、四方を釘で留める。用意した血玉髄を取り出し、円の中に三角形を描き、2辺に蝋燭を立てる。この図の場合、上が東で、三角形は上の点から描き始める。また、魔法円の外側に、上から左回りに大きなAと小さなE、A、Jを記す。下辺にはJHS（イエス・キリストを意味する）の聖なる文字を書き、両端に十字を描く。これによって、悪魔に背後から襲われるのを防ぐのである。

準備作業

とにかく十分な
準備が必要だ！

悪魔召喚の準備

① 断固たる決意。

② どの悪魔を召喚するか決める。

③ 身を清める。

食事は1日2回・女性との関係を断つなど。

④ 必要なものをそろえる。

火桶・ろうそく・山羊の皮紐・釘・血玉髄・
ブランデー・樟脳・石炭・魔法杖など。

ルキフゲ召喚の魔法円

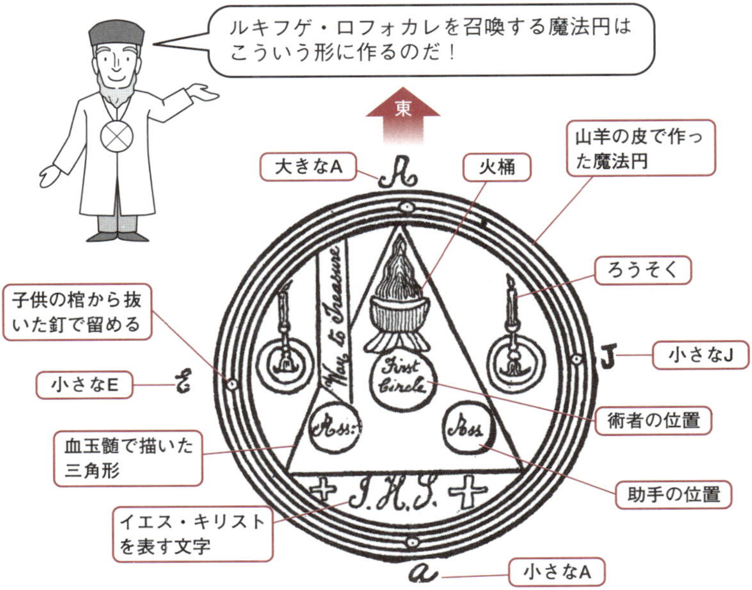
ルキフゲ・ロフォカレを召喚する魔法円は
こういう形に作るのだ！
東
大きなA
火桶
山羊の皮で作った魔法円
ろうそく
子供の棺から抜いた釘で留める
小さなJ
小さなE
術者の位置
血玉髄で描いた三角形
助手の位置
イエス・キリストを表す文字
小さなA
Way to Treasure
First Circle
I.H.S.

No.064

悪魔宰相ルキフゲに命令する

How to order Lucifuge Rofocale

悪魔ルキフゲが魂と肉体を要求しても断固として拒否し、魔法杖を突きつけて威嚇し、ソロモン王の鍵の大呪文を繰り返して服従させるのである。

●危険な悪魔との契約は結んではいけない

『大奥義書』では、魔法円完成後に悪魔宰相ルキフゲを召喚する手順は次のように説明されている。まず、火桶に炭を入れ、ブランデー、樟脳をかけて点火する。魔法杖、呪文と要求を書きこんだ紙を持ち、三角形の内側に立つ。そして、希望と確信を抱いて悪霊を呼び出す。

「偉大なるルシファー皇帝よ、主の御名によりて命ずる。悪魔大臣ルキフゲを派遣すべし」このとき、ルシファー皇帝の名とともに、ベルゼブブ王子、アスタロト大公の名を追加してもよい。これで悪魔が現れればよいが、そうでないことも多い。その場合にはソロモンの鍵の大呪文を繰り返し唱える。すると、悪魔大臣ルキフゲが現れるので、「要求に応えなければ呪文によって永久に責めさいなむ」と告げて威嚇する。すると要求は何かとルキフゲが聞いてくるので、要求を述べる。「私が望むのは、あなたができるだけ速やかに私に富をくださるという契約を結ぶことです」

しかし、ルキフゲはいかにも悪魔らしく、次のようなことをいってくる。「20年後にお前の魂と肉体を私に引き渡すという契約ならばな」

もちろん、こんな契約は結んではいけない。すぐにルキフゲに魔法杖を突きつけ、「命令に従わなければ、お前とお前の仲間を永遠に責めさいなむぞ」と脅し、ソロモンの鍵の大呪文を繰り返すのだ。すると、ルキフゲはしぶしぶ宝物のある場所へと案内し始める。術者は所定のルートから魔法円を出て、ついていく。その場所へ来たら宝物の上に契約書を置き、持てるだけの宝物を持って後ずさりしながら魔法の三角形まで戻る。最後にルキフゲに別れのあいさつをする。「偉大なルキフゲよ、私は満足です。もうあなたとはお別れです。好きな所に立ち去ってください」これで大金が手に入るのである。

悪魔の召喚と宝物の獲得

悪魔の召喚 → 魔法杖など必需品を持って悪魔を呼び出す。

ソロモン王の大呪文

霊よ！　われは偉大なる力の以下の名においてお前に命ずる。速やかに現われよ。アドナイの名において、エロイム、アリエル、ジェホヴァム、アクラ、タグラ、マトン、オアリオス、アルモアジン、アリオス、メムブロト、ヴァリオス、ピトナ、マジョドス、サルフェ、ガボツ、サラマンドレ、タボツ、ギングア、ジャンナ、エティツナムス、ザリアトナトミクスの名において。（以下繰り返し）

悪魔がなかなか現れない場合、上のソロモン王の大呪文を唱える。これを2度唱えれば必ず悪魔は出現するので、以下のような手順で宝物を手に入れればいいのである。

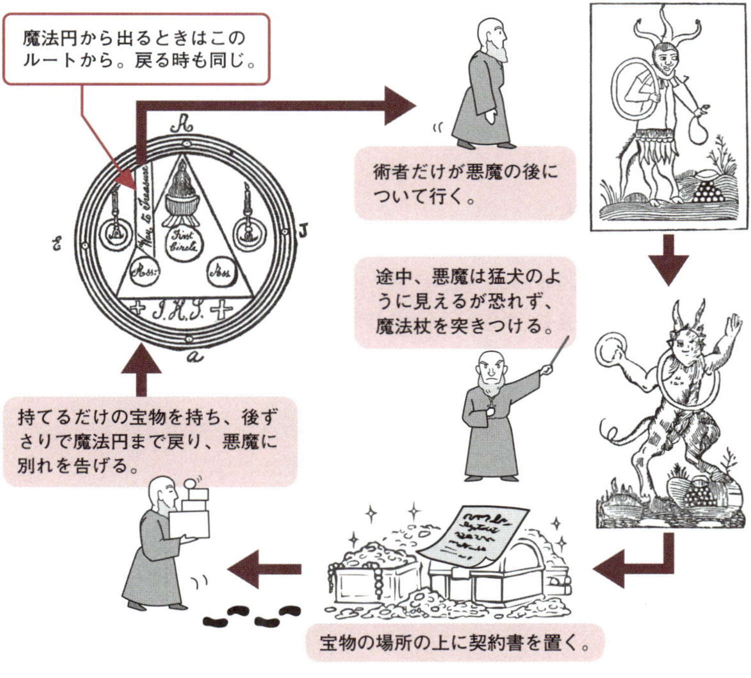
魔法円から出るときはこのルートから。戻る時も同じ。
Way to Treasure
First Circle
I.H.S.
術者だけが悪魔の後について行く。
途中、悪魔は猛犬のように見えるが恐れず、魔法杖を突きつける。
宝物の場所の上に契約書を置く。
持てるだけの宝物を持ち、後ずさりで魔法円まで戻り、悪魔に別れを告げる。

No.065

小アルベール

PETIT ALBERT

極悪な「栄光の手」の作り方が載せられたこの魔導書は行商人の手でフランスの小さな片田舎まで運ばれ悪書としての名を高めた。

●「栄光の手」の作り方が書かれた魔導書

『小アルベール』は極悪な「栄光の手」（p.142参照）の作り方が載せられていることで忌み嫌われた魔導書である。「栄光の手」とは絞首刑になった死体の手から作られる恐るべき燭台《しょくだい》で、泥棒の身を守るお守りである。

『小アルベール』は1668年にフランスで出版されたが、18世紀初頭には廉価版も出版され、行商人の手でフランスの田舎の小さな村々にまで運ばれ、悪書として有名になった。1745年には『小アルベール』を販売用として数冊持っていた行商人が逮捕されるという事件もあった。かつてはアルベルトゥス・マグヌス作とされていた『大アルベール』を意識したものだが、『小アルベール』の作者はアルベルトゥス・パルヴァス・ルシウスとされている。

「栄光の手」の作り方のほか、ワインやアルコールの作り方、腹痛の治し方、女性の浮気度を測る方法、女性をストリップで踊らせる方法まで解説されており、護符、魔法陣、魔法の香水の調合法なども記されている。

「栄光の手」の魔術は17世紀には広く実践されていたといわれるが、『小アルベール』に取り上げられたことで、19世紀になってその恐るべき魔術がふたたび流行することになった。

　その悪影響は20世紀初頭には海の向こうのカリブ海にまでおよんだ。1904年のこと、カリブ海のバルバドス島で残酷な仕方で少年が殺され、両手首が切り落とされるという事件が起こった。間もなく3人組の犯人が逮捕されたが、裁判の過程で、彼らは銀行強盗を企んでおり、しかも『小アルベール』を持っていたことがはっきりした。つまり、彼らは「栄光の手」を作ることで、誰にも邪魔されずに安全に銀行強盗を成し遂げようとしたのであり、そのために少年を殺したのである。

『小アルベール』の特徴

小アルベール →

- 1668年にフランスで出版。
- アルベルトゥス・パルヴァス・ルシウス作。
- 「栄光の手」の作り方で有名。

内容は？ → 「栄光の手」の作り方／ワインやアルコールの作り方／腹痛の治し方／女性の浮気度を測る方法／女性をストリップで踊らせる方法。ほかに護符、魔法陣、魔法の香水の調合法など。

❖『小アルベール』が起こした事件

1904年、『小アルベール』が原因でバルバトス島で起きた残酷な少年殺害事件は次のようなものだった。バルバトス島のブリッジタウンに12歳の少年ルパート・マップが住んでいた。そこにエドモンド・モントートという男がやって来て、ちょっと仕事をしないかといった。それは使い走りのような簡単な仕事だったので、マップはすぐに契約した。マップはモントートに連れられてセント・ルーチェ・レオンという男の家に行った。9月29日の夜、そこにエドガー・セント・ヒルという男も加わった。そのときまで、マップはまさか自分が殺されるとは思ってもいなかった。だが、その夜のうちにマップはあっさり絞殺された。しかも男たちは、マップの心臓をえぐり出し、両手を手首から切り落とした。そして、遺体を埋めた後で岩塩を砕き、心臓と手首を保存処理した。いったいどうしてそんなことをしたのか。実は男たちは「栄光の手」を作り、銀行強盗をやり遂げようとしていたのである。主犯格のモントートが『小アルベール』を読み、このアイデアを思いついたのである。

No.066

栄光の手

The Hand of Glory

「栄光の手」は絞首刑になった男の手から作られた不気味な燭台であり、民間伝承でも語られている強盗や泥棒のための有名なお守りだった。

●絞首刑になった犯罪者の手でできた燭台

「栄光の手」はヨーロッパの民間伝承にも登場し、一般にもよく知られた魔術道具である。それは泥棒のための道具だが、絞首刑にされた男の手から作られるという、いかにも不気味な代物である。

18世紀初頭に出版された魔導書『小アルベール』（小アルベールの自然的カバラ的魔術の驚くべき秘儀）にその作り方が書かれている。

まず、絞首刑になった犯罪者の手をまだ絞首台にぶら下がっている間に切り取る。それを必ず埋葬布の一片で包み、よく血を絞り出す。そして、土製の器に入れ、硝石、塩、コショウの実などを粉末にしたものに15日間漬け込む。それから取り出し、シリウスが太陽とともに上る暑い盛りの時期に、からからに乾燥するまで天日で干す。日差しが足りない場合は、シダとクマツヅラで熱したかまどに入れて乾燥させてもよい。この過程で得られた脂は、真新しい蝋とラップランド産のゴマと混ぜて何本か蝋燭を作る。こうしてできあがるのが「栄光の手」である。それは一種の燭台であって、「栄光の手」の指の間に蝋燭を立てて火をともすのである。すると、それを見た者は完全に身体が動かなくなってしまうので、魔術師はその間に好きなことができる。したがって、他人の家に侵入する前に「栄光の手」に火をともすことで、何でも自由に盗み出すことができるのである。

ただし、家のドアの敷居など侵入可能な場所に、黒猫の胆汁、白い鶏の脂肪、フクロウの血から作った軟膏を塗っておけば、「栄光の手」の効果を打ち消すことができるという。「栄光の手」にともされた炎は水でもビールでも消せないが、牛乳をかければ消すことができるという考えもある。実際、ある家の女中はそうやって火を消し、泥棒を捕まえたと魔女狩り時代の悪魔学者デル・リオ（1551～1608）が報告している。

「栄光の手」の効能

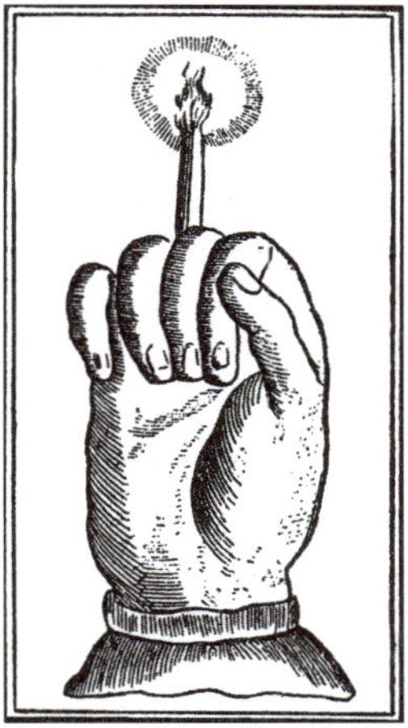

栄光の手

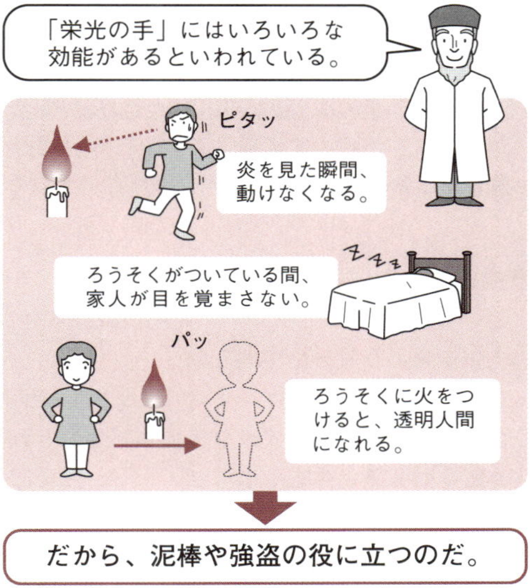
「栄光の手」にはいろいろな効能があるといわれている。
ピタッ
炎を見た瞬間、動けなくなる。
ろうそくがついている間、家人が目を覚まさない。
パッ
ろうそくに火をつけると、透明人間になれる。
だから、泥棒や強盗の役に立つのだ。

「栄光の手」の作り方

「栄光の手」の作り方は以下の通りだ。

① 絞首刑になった犯罪者の手を切り取り、血を絞る。

↓

② 硝石、塩、コショウの実などに15日間漬け込む。

↓

③ 暑い盛りの時期に、からからに乾燥するまで天日で干す。

↓

完成

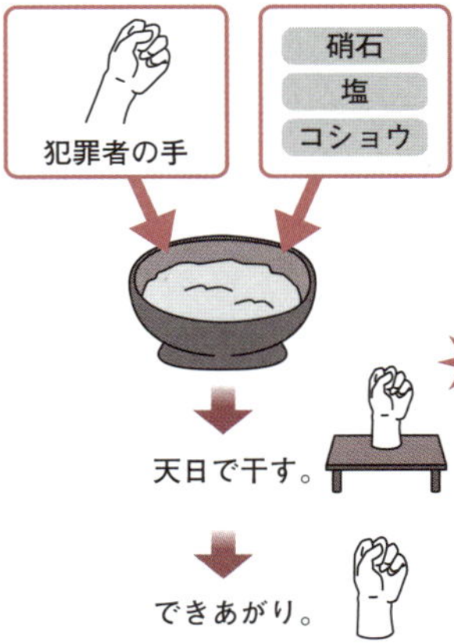
犯罪者の手
硝石
塩
コショウ
天日で干す。
できあがり。

No.067

黒い雌鳥

The Black Pullet（La poule noire）

次から次へと宝物を発見してくれる黒い雌鳥の作り方が書かれたこの魔導書はトレジャーハンターたちにとってこの上なく貴重なものだった。

●黒い雌鳥を生贄にする宝探しの書

『黒い雌鳥《めんどり》』は1820年にフランスで出版され、トレジャーハンターたちの人気を集めた魔導書である。

前書きによると、ナポレオンのエジプト遠征に従った指揮官が書いたとされている。彼の軍はアラブ人の軍に急襲され全滅したが、彼1人だけは生き延びた。その逃走中にピラミッドから現れた魔術師に出会い、魔術を教授されたが、それがこの本に書き記されているというのである。

『黒い雌鳥』の内容は前半と後半の2つに分けられる。

前半は様々な魔術的効果を持つ護符と指輪の紹介である。四大元素の霊を呼び出す、安全に世界のどこにでも移動できる、透明人間になる、誰からも愛される、重要な秘密を知る、あらゆる財宝を発見する、どんな鍵でも開けられるようになる、敵の陰謀を砕く、すべての鉱物と野菜に関する知識を得るなど、様々な力のある護符が紹介されている。この護符と指輪を用い、適切な呪文を唱えることで効果が発揮されるのである。

トレジャーハンターたちがとりわけ気に入ったのは後半で、ここに黒い雌鳥の作り方（p.146参照）が書かれている。黒い雌鳥は特別な仕方で作られるが、この世の隠された宝を次々と発見してくれるという、トレジャーハンターにとってはこの上なく貴重なものなのである。

黒い雌鳥の儀式は実際に広く行われたといわれる。1775年にはこんな裁判があった。ワイン業者のジャン・ギラリーが共犯者とともに、「黒い雌鳥が手に入る」といってある人物から大金を撒き上げたのである。手品のような方法で、犯人たちは1度は現実に黒い雌鳥を出現させたので、被害者は信じてしまい、さらに大金をつぎ込んでしまった。そして、裁判の結果、犯人たちは鞭打ちにされ、焼印を押され、国外追放となったのだ。

『黒い雌鳥』の特徴

黒い雌鳥 →
- 1820年、フランスで出版
- トレジャーハンターに人気の魔導書

内容は？
- **前半**　魔術的効果の護符と指輪の紹介。
- **後半**　宝を発見する「黒い雌鳥」の作り方。

『黒い雌鳥』にある護符

『黒い雌鳥』にはこのような護符と指輪がたくさん紹介されているのだ。

この文字はリングの外側に刻んで使用する。

すべての女性の愛と親切を獲得する護符と指輪。

Ritournel
Astarot
Nabol

どこにでも見られずに入り込み、秘密を獲得できる護符と指輪。

雹、雷、地震、天変地異などを引き起こし、何でも破壊する護符と指輪。

No.068

黄金を見つける黒い雌鳥

The gold-finding black hen

ゾロアスターの父オロマシスも所有していたという黒い雌鳥は、まったく傷のない卵を完全に黒色に洗脳することで生まれてくるものだった。

●黒色に洗脳された卵から黒い雌鳥がかえる

本能的に黄金や財宝を発見する能力のある黒い雌鳥を育てる魔術は、簡単に大金持ちになる魔術の1つとして、魔導書『黒い雌鳥《めんどり》』（p.144参照）で取り上げられているものである。

それによれば、ゾロアスター（ゾロアスター教の教祖）の父**オロマシス**はこのような鶏を所有した最初の人物だった。黒い雌鳥の作り方は2通りあった。1つは不可能なほど困難なもの、もう1つはより一般的なものである。ここで、より一般的な方法を紹介しよう。

術者は1個の卵を手に取り、正午の光に当て、その卵にちょっとした汚れもないことを確認する。次に、できるだけ黒い雌鳥を選び出す。別な色の羽根が混ざっていたら、それは引き抜く。雌鳥の頭を黒いフードで覆い何も見えないようにする。このとき嘴は自由にさせて置いてよい。そして、黒い素材で裏打ちされた、十分な大きさの箱に雌鳥を入れる。箱を、光が差し込まない部屋に置き、忘れずに夜だけ餌をやるようにする。これらのすべての教えを実行したら、雌鳥に卵を抱かせる。雑音で雌鳥が驚かないように注意する。すべてはこの雌鳥の黒さにかかっている。これによって卵は完全に黒に洗脳され、完全に真っ黒な雌鳥のヒナがかえるのである。そして、このヒナが完全に通常のサイズの黒い雌鳥になったとき、本能によって隠された財宝や黄金をどんどん見つけ出してくれるのである。

ただし、この魔術を実践する者は賢明さと徳において、この神聖な神秘に参加するにふさわしい者でなければならないという条件がある。我々人間は人の心を読めないが、悪魔は違う。悪魔は術者の心の中を完全に読んでしまう。そして、隠された意図を見抜く。その結果として、悪魔は人間に好意を示すこともあれば、それを拒絶することもあるからだ。

魔術の黒い雌鳥とは何か？

魔術の黒い雌鳥

- 黄金財宝を発見する能力がある。
- 大昔に、ゾロアスターの父オロマシスもこの鶏を所有していた。

黒い雌鳥の作り方

黄金を見つける黒い雌鳥はこうやって作るのだ。

① 少しも汚れのない卵を見つける。

② できるだけ真っ黒な雌鳥を見つける。

③ 黒くない羽根は抜いてしまう。

④ 雌鳥の頭を黒いフードで覆い、真っ暗な部屋で卵を温めさせる。

⑤ 完全に黒に洗脳された卵から真っ黒なヒナがかえる。

⑥ そのヒナが黒い雌鳥になると本能で黄金財宝をどんどん見つけてくれる。

用語解説

●**オロマシス→**伝説上のゾロアスターの父。本来は古代ペルシャの火の精霊であり、最大のサラマンダーといわれる。実際のゾロアスターの父ではない。

No.069

エロイム、エッサイム

Elohim Essaim

真夜中の十字路に魔法円を描き、黒い雌鳥を引き裂いてこの呪文を唱えると、悪魔が出現して大金持ちにしてくるといわれている。

●「黒い雌鳥」を使って悪魔を召喚する

日本でもよく知られているこの呪文は、一般に「黒い雌鳥《めんどり》」と呼ばれる魔術の変形版で必要とされるものである。「黒い雌鳥」の魔術については魔導書『黒い雌鳥』に詳しい解説があるが（p.144参照）、それは黄金や財宝を発見するという特別な本能を持つ黒い雌鳥を作りだすという魔術である。これに対し、変形版は黒い雌鳥を使って悪魔を召喚し、その悪魔の力で黄金財宝を手に入れるというもので、特別なバージョンの『大奥義書』にその説明がある。次のような方法である。

まず、いまだ雄鳥《おんどり》と交わったことがなく、卵を産んだことのない黒い雌鳥を手に入れる。しかし、雌鳥を捕まえるのに鳴かせてはいけないので、寝ている間に首をつかむようにする。術者は雌鳥を持って広い本街道を進み、それが別な道と交差する十字路まで行く。ちょうど真夜中にイトスギの棒で魔法円を描き、その真中に立ち、雌鳥を2つに引き裂く。そして、3度繰り返す。「エロイム、エッサイム。我は求め、訴えたり」

次に東を向き、ひざまずき、呪文を唱え、偉大な名前でそれを終わらせる。これだけで、悪魔が出現する。その悪魔は朱色の陣羽織と黄色のベストを着、薄緑色のひざ丈ズボンをはいている。頭は犬のようで、耳はロバのようで、2本の角がある。足は子牛のようである。悪魔は術者の望みを訊ねるので、何なりと望みをいえばよい。悪魔はそれに従うしかなく、術者はその場で大金持ちになれ、最高の幸せを手に入れられるのである。

ただ、この魔術が成功するには条件があり、術者の魂は瞑想的かつ献身的でなければならず、同時に意識も澄んだものでなければならない。そうでない場合には、術者が悪魔に命令する代わりに、悪魔の方が術者に命令することになるのである。

エロイム、エッサイムとは？

エロイム、エッサイム → 「黒い雌鳥」の魔術で悪魔を召喚して財宝を得る呪文。

呪文エロイム、エッサイムの使い方

この呪文を使う「黒い雌鳥」の魔術は以下のように行うのだ。すると、図のように悪魔が現れて財宝のありかを教えてくれるのである。
出現した悪魔

① 雄鳥と交わったことがなく、卵を産んだことがない黒い雌鳥を見つける。

↓

② 雌鳥を持ち、本街道を進む。最初に別の道と交わる十字路まで進む。

↓

③ 十字路に魔法円を書き、雌鳥を引き裂き呪文を唱える。「エロイム、エッサイム。我は求め、訴えたり」。これで、悪魔が出現するのである。

エロイム、エッサイム。我は求め、訴えたり。

No.070

オカルト哲学

Da occulta philosophia

『オカルト哲学』はルネサンス時代を代表する自然魔術の書であり、一般の魔導書とは別種のものだが、魔導書の魔術にも多大な影響を与えた。

●自然魔術と黒魔術の境目にある魔術書

『オカルト哲学』はルネサンス時代の最も重要な魔術師ハインリッヒ・コルネリウス・アグリッパ・フォン・ネッテスハイム（1486～1535）、通称アグリッパが書いた自然魔術の書である。自然魔術とはこの世界を創造した神の力がどういう形で人間の世界に影響を与えているかを考察する、一種の学問である。だから、自然魔術は決して邪悪な魔術ではなく、中世のキリスト教会も認める魔術だった。

したがって、『オカルト哲学』は現在では魔導書の分類には含まないのが一般的である。しかし、この本は魔導書の魔術、つまり悪魔を操る黒魔術と原理的に区別できない部分があり、その後の魔導書にも大きな影響を与えた。また、作者のアグリッパ自身がこの本を書いたことで誤解され、悪魔と契約した黒魔術師だと考えられた。アグリッパは黒い犬を飼っており、どこにでも連れていったが、その黒い犬こそ悪魔が姿を変えた使い魔だとみなが信じたのである。そういう意味で、『オカルト哲学』はほとんど魔導書の仲間のような位置にある本なのである。

書かれているのは、『ピカトリクス』（p.16参照）にあるような星辰《せいしん》魔術的な事柄である。つまり天界には無数の天使や悪い霊がおり、神の力はそれらの霊を通じて物質界に影響を与えるというのだ。また、カバラや数秘術も利用している。そして、天使との対話の儀式やカバラ的な儀式によって、神の恩恵を得ることができるというのである。

アグリッパによれば、この本の目的は善き霊を呼び寄せ、悪い霊に打ち勝つことだとされている。しかし、それは表面的な言葉で、本の中では真の宗教と邪悪な魔術をまったく同じ原理を持つものとして語っている。この本が邪悪な本とされたのはそういう性質のためといっていいだろう。

『オカルト哲学』の特徴

オカルト哲学 →

- アグリッパの代表作。
- 自然魔術の書だが、魔導書にも多大な影響を与えた。

内容は？

- **第1章** 惑星の影響力や物質と天使の関係など、自然界の魔術的パワーについて。
- **第2章** 世界の根源である数学の力（数秘術）について。
- **第3章** カバラ的なパワーを取り込んだ儀式魔術について。

『オカルト哲学』の原理

宇宙精気を媒体とすることで、叡智界の神のパワーは星辰界の天使や星々に伝わり、さらに物質界に伝わる。だから、星辰界の存在と親和的な物質を正しく操作すれば、上位のパワーを呼び込めるのだ。

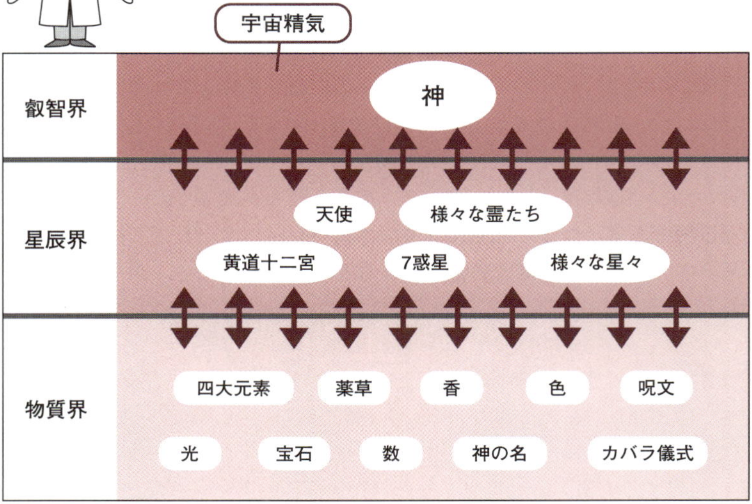
宇宙精気
叡智界
神
星辰界
天使
様々な霊たち
黄道十二宮
7惑星
様々な星々
物質界
四大元素
薬草
香
色
呪文
光
宝石
数
神の名
カバラ儀式

No.071

オカルト哲学 第4の書

The Fourth Book of Occult Philosophy

『オカルト哲学』の続編としてルネサンス時代最大の魔術師アグリッパの名で発表された魔導書には具体的な儀式魔術の方法が書かれていた。

●ルネサンス期のオカルト界の巨匠アグリッパの著作か？

『オカルト哲学 第4の書』(1559年)は、その著者としてアグリッパの名が冠せられていることで、とくに注目される魔導書である。

ハインリッヒ・コルネリウス・アグリッパ(1486～1535)といえば、3書から成る『オカルト哲学』を書き、その後のヨーロッパのオカルト論に多大な影響を与えたことで知られる、ルネサンス期を代表するオカルト論者である。そのアグリッパが『オカルト哲学』では語らなかった具体的な儀式魔術について、魔導書として書き記したのだから、『オカルト哲学 第4の書』が注目されないわけはないのである。

ただ、この書が本当にアグリッパの著作であるかどうかは、一般には疑われている。アグリッパの弟子であり、『悪魔の偽王国』の著者でもあるヨーハン・ヴァイヤーが、この書を偽書として非難したからだ。発表されたのが1559年で、アグリッパの死から30年もたってからだというのも、疑う理由になっている。しかし、魔術師**ウェイト**はこの書自体にはアグリッパの著作であることを否定する理由はないといっている。

『オカルト哲学 第4の書』は小さな本で、説明も簡略だが、以下のように儀式魔術の基本について幅広く扱っている。

それは――7惑星に属する天使や悪魔の名前を得る方法。天使や悪魔の記号を得る方法。惑星に属する天使や悪魔の外見的特徴(p.154参照)。ペンタクルやシジルの作り方、使い方、効能。道具や場所の聖別方法。天使と悪魔の召喚方法。場所の準備やその他の事柄の手配の仕方。祭壇とレイメン(魔術用ペンダント)の作り方。霊たちを召喚するより簡略な方法。霊たちによる夢のお告げについて。霊たちに別れを告げる方法。その他の霊に対処する方法。ネクロマンシー(死霊術)の方法――などである。

偽アグリッパの魔導書

オカルト哲学 第4の書 →

- 巨匠アグリッパの名で発表された作者不詳の疑惑の魔導書。
- 『オカルト哲学』本編では語られなかったより具体的な儀式魔術について語られている。

『オカルト哲学 第4の書』の内容

『オカルト哲学 第4の書』はだいたい次のようなテーマについて説明している。

オカルト哲学 第4の書

- 惑星に属する天使や悪魔の外見的特徴。
- 道具や場所の聖別方法。
- 7惑星に属する天使や悪魔の名前を得る方法。
- 天使と悪魔の召喚方法。
- 霊たちに別れを告げる方法。
- 天使や悪魔の記号を得る方法。
- ペンタクルやシジルの作り方、使い方、効能。
- 祭壇とレイメン（魔術用ペンダント）の作り方。
- 霊たちによる夢のお告げについて。
- 場所の準備やその他の事柄の手配の仕方。
- ネクロマンシー（死霊術）の方法。

用語解説

●**ウェイト→**アーサー・エドワード・ウェイト（1857～1942）。近代西洋儀式魔術の秘密結社・黄金の夜明け団の魔術師で、オカルト論を多数執筆した。

No.072

惑星の霊

The Spirits of the planets

『オカルト哲学 第４の書』によれば、土星の霊はドラゴンにまたがる王の姿で、木星の霊は剣を引き抜いた王の姿で出現するという。

●ソロモン王の72悪魔のような惑星の霊の姿

7惑星に宿る霊はどんな姿で出現するか？　偽アグリッパの手になる『オカルト哲学 第4の書』（p.152参照）に次のような説明がある。

土星の霊たちは、ドラゴンにまたがる髭を生やした王、従者に寄りかかった老女、ブタ、ドラゴン、フクロウなどの姿で出現する。その大部分は背が高く、引き締まった細身の身体で、表情は怒っており、顔が4つある。

木星の霊たちは、剣を引き抜いて牡ジカにまたがった王、花つきの月桂冠をかぶった女、牡ジカ、牡ウシ、クジャク、などの姿で出現する。彼らは体つきは自信たっぷりな様子で、中背で、その動き方は恐ろしい感じがする。しかし、顔つきは柔らかく、話し方も丁寧である。

火星の霊たちは、武装して狼に乗った王、丸盾を抱えた女、牡ヤギ、ウマ、牡ジカ、羊毛などの姿で現れる。彼らは背が高く、癇癪持ちで、容貌は汚い。また、シカの角、グリフィンの鉤爪がある。

太陽の霊たちは、笏を持ってライオンに乗った王、笏を持った女王、ライオン、雄鳥、鳥、笏などの姿で出現する。彼らはほとんどが身体が大柄で、自信にあふれ、金色で、血色がよく、身振りは稲妻のようである。

金星の霊たちは、笏を持ってラクダに乗った王、着飾った女性、裸の女性、牝ヤギ、ラクダ、ハトなどの姿で出現する。彼らは美しく、中背で、友好的で楽しげな顔つきをし、白か緑色で、上半身は金色である。

水星の霊たちは、熊に乗った王、美しい若者、糸巻棒を持った女性、犬、牝クマ、カササギなどの姿で出現する。ほとんどが中背で、愛想良く話す。

月の霊たちは、射手姿で牝ジカに乗った王、少年、弓矢を持った女狩人、牝ウシ、牝ジカ、アヒルなどの姿で出現する。彼らはほとんどが立派な体つきで、顔は膨れ、頭ははげ、目は赤く、歯はイノシシのようである。

惑星の霊の姿

惑星の霊 → 7惑星の霊にはそれぞれ特徴的な姿がある。

『オカルト哲学 第4の書』によれば、7惑星の霊は以下の姿で出現するのだ。

土星 → ドラゴンにまたがる髭を生やした王、従者に寄りかかった老女、ブタ、ドラゴン、フクロウなどの姿。

木星 → 剣を引き抜いて牡ジカにまたがった王、花つきの月桂冠をかぶった女、牡ジカ、牡ウシ、クジャク、などの姿。

火星 → 武装して狼に乗った王、丸盾を抱えた女、牡ヤギ、ウマ、牡ジカ、羊毛などの姿。

太陽 → 笏を持ってライオンに乗った王、笏を持った女王、ライオン、雄鳥、鳥、笏などの姿。

金星 → 笏を持ってラクダに乗った王、着飾った女性、裸の女性、牝ヤギ、ラクダ、ハトなどの姿。

水星 → 熊に乗った王、美しい若者、糸巻棒を持った女性、犬、牝クマ、カササギなどの姿。

月 → 射手姿で牝ジカに乗った王、少年、弓矢を持った女狩人、牝ウシ、牝ジカ、アヒルなどの姿。

No.073

ヘプタメロン

Heptameron or Magical Elements

中世イタリアの哲学者アバノのピエトロが書いたという『ヘプタメロン』は週の7つの曜日の天使を操るための方法が書かれた魔導書だった。

●7つの曜日の天使を操る魔術の入門書

『ヘプタメロン』は、16世紀後半に『オカルト哲学 第4の書』(p.152参照)が印刷されたとき、その本の付録として付けられていたことで一般に知られるようになった小冊の魔導書である。偽称ではあるが、著者として**アバノのピエトロ**の名が冠されている。

この書の前書きにおよそ次のようにある。「『オカルト哲学 第4の書』は懇切丁寧に書かれているが、その内容は一般的で具体性に欠け、魔術に通じた達人向けのようである。そこで、この『ヘプタメロン』を付録に付けよう。この書は魔術の入門書のようなもので、書かれている指示に従うことで、初心者でも儀式を行い、霊を呼び出せるからだ」

つまり、『ヘプタメロン』は『オカルト哲学 第4の書』よりもより具体的で、ただ書かれていることに従うだけで霊が召喚できる、初心者向けの魔導書ということだ。題名の「ヘプタメロン」は「7日」という意味だが、その言葉の通り、週の7つの曜日の天使を操るための魔導書である。

内容は2つの部分に分けられる。第一は天使の助力を得て、悪魔に属する空気の霊たちを召喚する魔術儀式の説明である。そのために必要となる魔法円の作り方、ペンタクルや着衣に関すること、儀式前の準備、天使の助力を得るための呪文、悪魔の召喚方法などが具体的に記述されている。第2は、各曜日の天使を召喚する魔術の説明である。各曜日ごとに、そのために必要になる天使の印形、召喚呪文、香などが記述されている。また、各曜日各時刻の天使名の一覧表もある。しかし、天使を召喚するといっても、その目的は、黄金や宝石を手に入れること、人の恨みを消すこと、戦争や死や病気をもたらすこと、戦勝をもたらすこと、貧者を出世させること、女性の愛を得ることなど、通常の魔導書と変わりないものである。

『ヘプタメロン』の特徴

ヘプタメロン →

- 曜日の天使を操る初心者向け魔導書。
- アバノのピエトロ作とされた本。
- 16世紀後半に出版。

『ヘプタメロン』の内容

『ヘプタメロン』は下のような2部構成になっている。

第1部

天使の助力で空気の霊（悪魔）を召喚する魔術儀式の説明。

魔法円の作り方、ペンタクル、着衣のこと。準備。呪文。召喚法など。

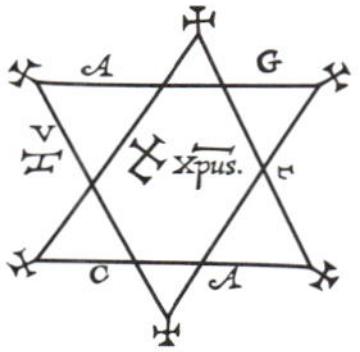

ペンタクル

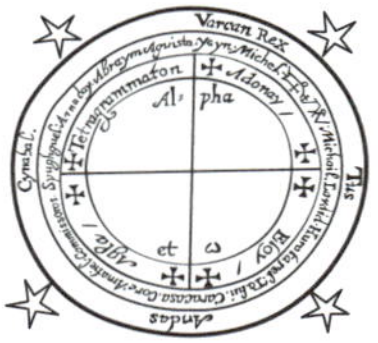

魔法円

第2部

各曜日の天使を召喚する魔術の説明。

天使の印形、召喚呪文、香について。各曜日各時刻の天使名の一覧表など。

日曜日の天使ミカエルの印形

月曜日の天使ガブリエルの印形

用語解説

●**アバノのピエトロ→**1250〜1316年。イタリア生まれの哲学者、占星術師。パリで学び、医師として成功したが、嫉妬した仲間に異端として告発され、処刑予定日前夜に死亡した。告発者は彼が7匹の使い魔をボトルに飼っているなどと主張した。

No.074

魔術のアルバテル

The Arbatel Of the Magic

オリンピア7霊の名前や記号について詳しい説明があることで有名な『魔術のアルバテル』はユダヤ・キリスト教の伝統とは断絶した魔導書だった。

●オリンピアの霊を操れる魔導書

『魔術のアルバテル』はオリンピアの霊（p.160参照）に関する記述があることで有名な魔導書である。1575年にスイスのバーゼルでラテン語版が出版されたが、著者は不明である。

残念なことに、この本は一部分しか残っていない。あるいは最初からその部分しか書かれなかった可能性がある。だが、その一部分が全体の予告編のようなものになっており、魅力的な本の全体像が想像できるのである。

残存するのは第1巻で「イサゴーグ」または「魔術教則本」と題されている。この第1巻に本の全体を紹介する前書きのほかに、1章が7つの格言から成る全部で7章の格言集がある。そして、この本によれば、この格言集の内容こそ「最も一般的な魔術の教訓」なのだという。

その前書きによれば、この本は全9巻であり、2巻目以降は「小宇宙魔術」、「オリンピア魔術」、「ヘシオドスおよびホメロス魔術」、「シビル魔術」、「ピタゴラス魔術」、「アポロニウス魔術」、「ヘルメス魔術」、「預言魔術」を扱う予定だったという。この予告の後に7章の格言集があり、それぞれの魔術の内容に関する概要の解説がある。その中で最もよく言及されるのが、オリンピア魔術を扱った第3章の格言集であり、そこにオリンピアの霊に関する記述がある。それは決して長い記述ではないが、オリンピア7霊の名前や記号、働きなどに関する豊かな内容を持っている。

黄金の夜明け団の魔術師アーサー・エドワード・ウェイトはこの本は真に超越的な論文であり、危険な黒魔術とは無縁だといっている。また、各章のタイトルからもわかるように、これは『ソロモン王の鍵』系列に入らない魔導書であり、ユダヤ・キリスト教の伝統とも断絶しているという特徴があると指摘している。

『魔術のアルバテル』の特徴

魔術のアルバテル →

- オリンピアの7霊で有名な魔導書。
- ユダヤ・キリスト教的でない内容。

『魔術のアルバテル』の内容

第1巻「イサゴーグ」によれば、『魔術のアルバテル』には以下の9巻があるはずだった。

各巻テーマ	内容解説
イサゴーグ（魔術教本）	49個の格言による、術全体についての最も一般的な教訓。
小宇宙魔術	霊や守護霊に満ち満ちた小宇宙（ミクロコスモス）における霊智ともいえる魔術的な影響力について。
オリンピア魔術	いかなる方法で人間はオリンピアの霊たちに働きかけ、そしてその恩恵を受ければいいかの説明。
ヘシオドスおよびホメロス魔術	人間と敵対しないカコダイモンと呼ばれる霊たちによる儀式に関する教え。
ロマニーあるいはシビル魔術	地球全体を担当している指導霊たちと行う魔術であり、真に価値ある魔術である。ドルイドの教義もこれについて語っている。
ピタゴラス魔術	物理、薬学、数学、錬金術などの技芸を身につけている霊たちとだけ達成される魔術である。
アポロニウス魔術	ロマニーおよび小宇宙魔術と類似した魔術である。特殊なのは対象とする霊たちが人間に敵対していることである。
ヘルメス魔術	エジプト魔術であり、神聖な魔術とあまり違っていない。
預言魔術	ただ主の言葉だけを頼りとする知恵であり、これが預言魔術なのである。

No.075

オリンピアの霊

Seven Olympic Spirits

オリンピアの7霊は天空の星々に住み、君主として多くの配下と軍団を率い、7つの惑星と全宇宙をそれぞれが分担して統治しているという。

●支配惑星の力を行使する天空の7霊

オリンピアの霊は7つの惑星を支配する7柱の霊または天使である。魔導書『魔術のアルバテル』（p.158参照）が彼らについて詳しく語っている。

それによると、オリンピアの霊は天空の星々に住み、君主として多くの配下と軍団を率い、神の許可を得て宇宙全体を支配している。彼らの仕事は運命を布告することであり、神の許可を得て決定的な魔力をふるうのである。彼らの支配力は惑星を通して全宇宙におよぶ。その結果、全宇宙は7つの統治領域に分かれるが、それはさらに196のオリンピア管区に分かれている。7霊の名はオリンピア語で、アラトロン、ベトホル、ファレグ、オウク、ハギス、オフィエル、ファルである。

彼らの支配力と影響力は次のようなものである。

アラトロンは土星と49管区を、ベトホルは木星と42管区を、ファレグは火星と35管区を、オウクは太陽と28管区を、ハギスは金星と21管区を、オフィエルは水星と14管区を、ファルは月と7管区をそれぞれ支配する。彼らの振るう魔力は彼らが支配している惑星の力で、それは占星術が各惑星の力としているものと同じである。

信心があれば、オリンピアの霊を召喚するのは簡単である。彼らは自身が支配する惑星の日と時刻に出現する。アラトロンの場合なら、土曜日の第1時刻である。そのとき、神が彼らに与えた名前と役職と記号を提示し、呪文を唱えれば彼らを呼び出すことができるのである。また、全体の支配権つまり最高君主の権限はオリンピア7霊の間で490年周期で交代する。身近なところでは、キリスト生誕前60年から西暦430年まではベトホルが統治した。その後、920年まではファレグ、1410年まではオウクが統治した。こうして、先に名前を挙げた順番で、支配権が交代するのである。

天空に住む7霊

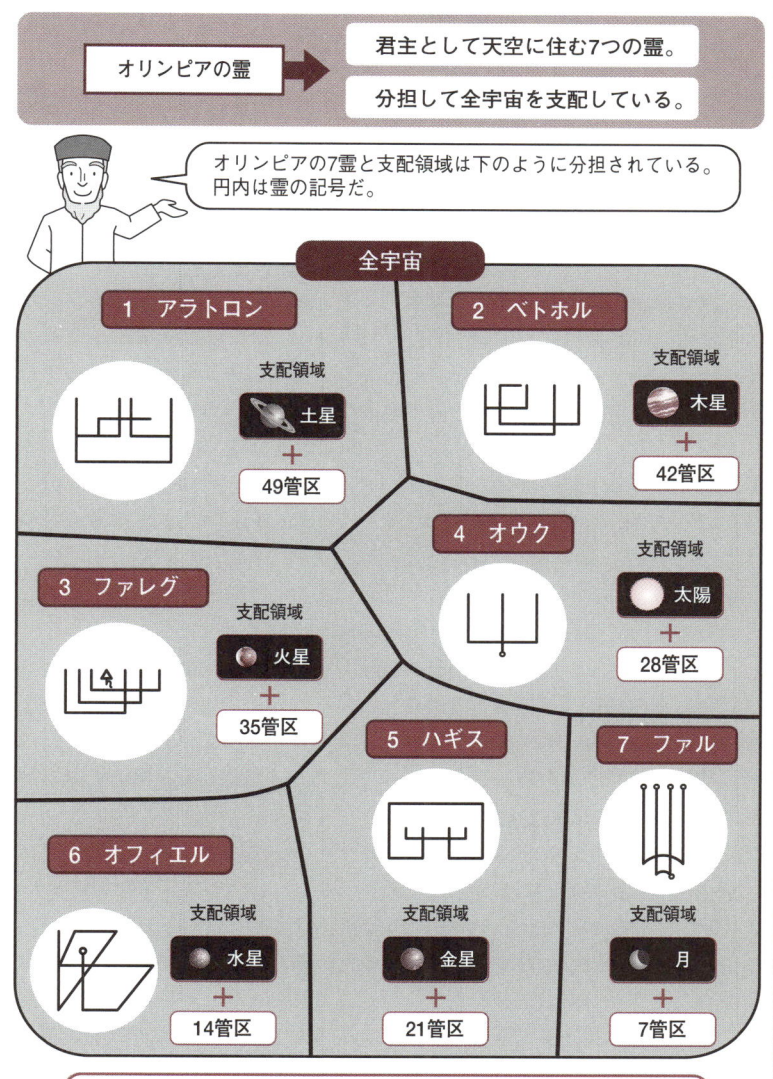

オリンピアの霊 → 君主として天空に住む7つの霊。

分担して全宇宙を支配している。

オリンピアの7霊と支配領域は下のように分担されている。
円内は霊の記号だ。

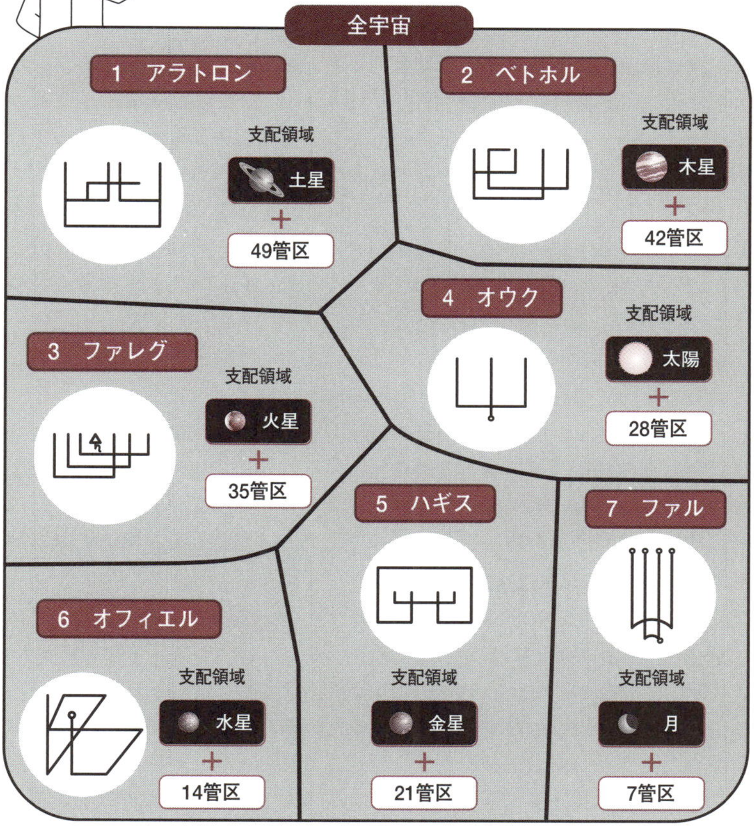
全宇宙
1 アラトロン
支配領域
土星
+
49管区
2 ベトホル
支配領域
木星
+
42管区
3 ファレグ
支配領域
火星
+
35管区
4 オウク
支配領域
太陽
+
28管区
5 ハギス
支配領域
金星
+
21管区
6 オフィエル
支配領域
水星
+
14管区
7 ファル
支配領域
月
+
7管区

宇宙の最高君主の地位は1～7の順で490年周期で交代するのである。

No.076

地獄の威圧

The Threefold Coercion of Hell (The Black Raven)

伝説のファウスト博士が書いたという魔導書には地獄の7大公爵を操るための呪文や印章などが載せられており、ドイツで人気が高かった。

●金・銀・財宝が思いのままに手に入る

『地獄の威圧』は悪魔メフィストフェレスとの契約で有名な伝説のファウスト博士（p.46参照）が書いたという魔導書の1つである。17～18世紀のドイツで印刷され、高い人気を得たものだ。最初に書かれたのがいつなのか不明だが、ファウスト伝説のモデルとなった実在のヨーハン・ゲオルク・ファウスト博士が書いたという説もある。本当なら、1500年ころに書かれたことになる。この本は別名『黒い大ガラス』というが、そのころのドイツで印刷された魔導書にはしばしばカラスの絵が付けられており、そのような魔導書を「黒い大ガラス」と総称したのである。

『地獄の威圧』という題名の「威圧」とは、古くから悪魔の召喚と関係していた言葉で、悪魔を威圧することを意味している。

その題名の通り、魔導書『地獄の威圧』のテーマは地獄の悪魔を召喚し、自分の願望を実現させることである。魔導書にはそのために必要となる魔法円の作り方から、各悪魔用の印章、呪文などが多数載せられている。また、簡単な地獄帝国の階級の一覧表などもある。なお、使役する悪魔は地獄の7大公爵で、この魔導書によれば、アジエル、アリエル、マルブエル、メフィストフェレス、バルブエル、アジアベル、アニフェルである。

前書きには次のように書かれている。

「これはヨーハン・ファウスト博士の奇跡の魔導書である。私、ヨーハン・ファウスト博士はこの魔導書によってあらゆる地獄の霊を威圧し、私の願望をかなえさせた。金、銀、財宝を手に入れることも、地下水脈を発見することも、この地上でできないことは何もない。そのすべてがこの魔導書で可能になるのだ。もちろん、自分の願望をかなえた後で、霊たちを安全に立ち去らせることも可能である」

伝説のファウスト博士の魔導書

地獄の威圧

- 伝説のファウスト博士の作か ?!
- 実は17〜18世紀のドイツの魔導書。
- 地獄の7大公爵を使役する。

7大公爵の特徴と記号

『地獄の威圧』にある地獄の7大公爵の特徴と印章は下の通りである。

アジエル

隠されたすべての地の宝を支配する。

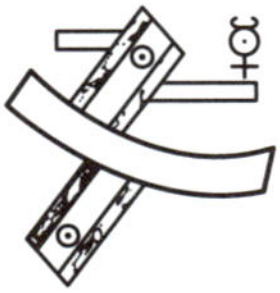

アリエル

地上と地下のすべてを支配する。

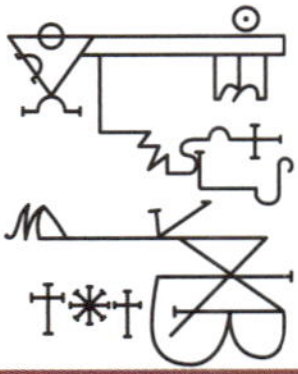

マルブエル

何か手助けが必要な時にいつでも出現する。

メフィストフェレス

技芸の支配者であり、何でも簡単に学べる。

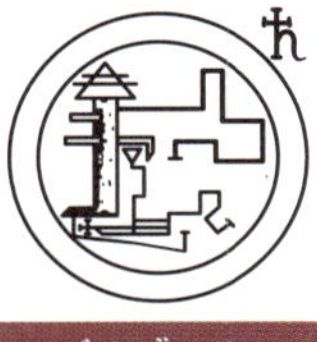

バルブエル

海と水、そこに住む者たちすべてを支配する。

アジアベル

法律問題を支配し、財産、名誉、地位を守る。

アニフェル

不明。

No.077

真正奥義書

Grimorium Verum (or True Grimoire)

地獄の悪魔を操るための『真正奥義書』は黄金の夜明け団の学者A・E・ウェイトによって純粋な黒魔術の魔導書に分類された。

●紛れもない黒魔術の1冊

『真正奥義書』は悪魔を操るためのものであり、黄金の夜明け団に所属していたオカルト学者アーサー・エドワード・ウェイトは、この書は紛れもない黒魔術の魔導書だといっている。そのタイトルページの記載によれば1517年にメンフィスでエジプト人アリベクによって書かれたもので、ソロモン王に由来するとされている。しかし、実際は18世紀のローマで出版されたのが最初だろうと見られている。

この書は3部構成になっているが、第1部ではこの書で召喚する悪魔たちの名や階級構成が紹介されている。それによると、ヨーロッパとアジアを領地とするルシファー、アフリカを領地とするベルゼブブ、アメリカを領地とするアスタロトが悪魔界を支配する3大悪魔である。この3大悪魔の下に公爵の地位にある18名の悪魔がおり、さらにたくさんの悪魔が従属しているのである。3大悪魔用の魔法円や印形も掲載されている。

第2部は公爵の地位にある18悪魔の特別な能力の紹介である。クラウネクは富を支配し、宝物を見つけてくれる。フリモストは女性を支配し、女性を獲得するのに役立つ。メルシルデは誰でもどこにでも瞬時に移動させてくれる。フルシシエレは死者を生き返らせる、という具合である。18悪魔の能力だけが紹介されているのは、これより下位のたくさんの悪魔は無力だからだという。

第3部は具体的な儀式の手順で、3大悪魔の召喚呪文、下位の悪魔の召喚呪文、特定の目的のための呪文などが記載されている。その他に儀式用ナイフの作り方、羊皮紙の作り方、塩の祝福法などたくさんの魔術道具のことも説明されているが、『ソロモン王の鍵』や『ソロモン王の小さな鍵』の内容を簡単に要約したようなところがある。

悪魔を操る黒魔術の書

真正奥義書 →

- 地獄の悪魔を操る黒魔術の魔導書。
- 伝説ではソロモン王に由来する ?!
- 実は18世紀ローマの本。

地獄の悪魔のパワー

『真正奥義書』では下に挙げた公爵の地位にある18悪魔を主に利用する。

18公爵	能力
クラウネク	富の支配者であり、宝物を見つけ出してくれる。そして人を金持ちにしてくれる。ルシファーに愛されている悪魔。
ムシシン	偉大な君主たちを支配しており、国々に何が起こるかや、同盟関係のことなど教えてくれる。
ベカウド	不明
フリモスト	女性と少女たちを支配し、彼女たちの助力が得られるようにしてくれる。
クレポト	あらゆる種類の夢と幻想を見せてくれる。
クヒル	地震を引き起こす力がある。
メルシルデ	誰でもどこへでも瞬時に移動させる力がある。
クリストハート	望んだときを昼でも夜でもどちらかにしてくれる。
シルチェド	あらゆる種類の自然界の動物および幻想の動物を見せてくれる。
ヒクパクト	遠くへ行ってしまった人を瞬時に連れて来てくれる。
フモツ	望んだ本を何でも持ってきてくれる。
セガル	あらゆる種類の天才を出現させてくれる。
フルシシエレ	死者を生き返らせてくれる。
グランド	すべての病気を引き起こす。
スルガト	どんな種類の鍵でも開けてくれる。
モライル	すべてのものを目に見えなくすることができる。
フルティミエレ	あらゆる種類の豪勢な食事を用意してくれる。
フイクチイガラス	不眠症のときでもぐっすり眠らせてくれる。

No.078

術士アブラメリンの聖なる魔術書

The book of the sacred magic of ABRAMELIN the mage

術士アブラメリンは聖守護天使に頼ることで、魔法円や悪魔の印形を使わずに、方形に配列されたラテン文字だけで悪魔を操ることを可能にした。

●何よりも聖守護天使との対話を重要視する

『術士アブラメリンの聖なる魔術書』はおそらく17世紀のドイツで作られた魔導書である。当初は写本で出回っていたが、1725年にケルンで印刷されて出版された。この書は現在も非常に有名だが、それは黄金の夜明け団の魔術師マグレガー・メイザースの働きによるところが大きい。彼はパリのアルスナル図書館に所蔵された魔導書のコレクションを研究し、この書の18世紀初頭のフランス語の写本を発見し、これを英訳したものを1897年に出版したのである。

この書の魔術の特徴は、悪魔を操るために何よりもまず守護天使に頼ろうとすることである。というのは、この世の出来事はすべて天使の指示のもとで動く悪魔によって作られているので、聖守護天使との対話を通じて初めて悪魔を使役できる聖性が目覚めるからである。

この書は全体が3部構成になっており、第1書でこの書の由来や魔術の基本となる哲学が語られている。それによれば、14、15世紀のユダヤ人アブラハムが各国を旅し、エジプトでアブラメリンという魔術師に出会い、この魔術を伝授された。そして、元はヘブライ語で書き記したものを1458年に息子ラメクのためにフランス語に翻訳したのだという。

第2書が最も重要で守護天使の加護を得て悪魔を使役できるようになるための半年間の準備作業（自己の聖別、魔法道具の製作など）および7日間の天使と悪魔の召喚儀式が語られている。

第3書には悪魔を召喚して望みをかなえるときに必要となるさまざまな護符が掲載されている。非常に独特な内容で、他の魔導書にあるような魔法円や印章は登場せず、すべてが四角形の枠の中に配列されたラテン語の文字列で成り立っているという特徴がある。

メイザースによって発見された魔導書

アブラメリンの聖なる魔術書 → 17世紀のドイツで成立。 / マグレガー・メイザースによって発見される。

『アブラメリンの聖なる魔術書』の特徴

対話により天使の加護を得ることが大事！

↓

それから上級君主の悪魔の1人を召喚し、その配下の悪魔の忠誠を誓わせる。

【悪魔界の上級君主】

最高君主の4悪魔 ＝ ルシファー　レビヤタン　サタン　ベリアル

次席君主の8悪魔 ＝ アスタロト　マゴト　アスモデウス　ベルゼブブ　オリエンス　パイモン　アリトン　アマイモン

★この下に使役可能な316人の属官（使い魔）がいるのである。

魔法円や印章は使わない！

この書では、下のように四角形に配列された文字列の護符を使用するのだ。その護符を手の中に入れて儀式を行えば、悪魔を特定の姿で出現させられるのである。

① 蛇の姿で出現

U	R	I	E	L
R	A	M	I	E
I	M	I	M	I
E	I	M	A	R
L	E	I	R	U

② 獣の姿で出現

L	U	C	I	F	E	R
U	N	A	N	I	M	E
C	A	T	O	N	I	F
I	N	O	N	O	N	I
F	I	N	O	T	A	C
E	M	I	N	A	N	U
R	E	F	I	C	U	L

③ 人間の姿で出現

L	E	V	I	A	T	A	N
E	R	M	O	G	A	S	A
V	M	I	R	T	E	A	T
I	O	R	A	N	T	G	A
A	G	T	N	A	R	O	I
T	A	E	T	R	I	M	V
A	S	A	G	O	M	R	E
N	A	T	A	I	V	E	L

④ 鳥の姿で出現

S	A	T	A	N
A	D	A	M	A
T	A	B	A	T
A	M	A	D	A
N	A	T	A	S

No.079

アルマデルの魔導書

The Grimoire of ARMADEL

天使や悪魔の力で有益なタリズマン（護符）を作り、天使学や悪魔学の知識、古代の叡智、聖書の秘密などを獲得しようという白魔術の書。

●目的のタリズマンを作るための白魔術書

『アルマデルの魔導書』はしばしば白魔術に属するといわれる魔導書である。この書が多く出回っていたのは17世紀のフランスで、フランス語とラテン語で書かれた写本だった。その時代のフランスでは悪魔憑き事件が多発しており、民衆の間でこの手の魔導書人気が高まっていたのである。アルマデルという人物については完全に不明だが、多数の書がその名と結びつけられており、魔術の世界で権威があったと見られている。

『アルマデルの魔導書』は目的に応じたタリズマン（護符）を作るためのもので、タリズマンに描くための多数の専用シジル（印形）が収められている。そのタリズマンに力を与えるために、専用シジルに対応する力を持つ天使や悪魔を召喚することになるのである。

しかし、この書は他の魔導書のように、財宝を見つけるとか名誉を得るといった低俗な目的のものではない。天使を召喚する場合はもちろんだが、たとえ悪魔の名を持つ霊を召喚する場合であっても、その目的は非常に高尚である。たとえば、アスモデウスとレヴィアタンを召喚するのは、悪魔の悪徳がいかに恐ろしいか知るためである。悪魔ブルフォルの場合は、召喚することで悪魔の本性と質がどのようなものか、悪魔を拘束するにはどうすればいいかなどを知ることができる。悪魔ラウネは、天界を追放されてから悪魔がどう変わったか、どこに住むように定められたか、彼らが追放されたのはアダムが作られたよりもどれくらい後なのか、自由な意思はあるのかなどを教えてくれる。また、ルシファー、ベルゼブブ、アスタロトは天界における彼らの反逆がいかなるものだったかを教えてくれる。つまり、霊を召喚して得られるのは悪魔や天使に関係する高級な知識なのである。白魔術の書とされるのはこのためだろう。

『アルマデルの魔導書』とタリズマン

アルマデルの魔導書
→ 有益な霊の力でタリズマンを作り、特別に高級な知識を得るための白魔術書。
→ 悪魔憑き事件が多発した17世紀フランスで成立。

↓

タリズマンの作り方と目的別シジル

目的に対応する天使・悪魔のシジルを見つける。

↓

羊皮紙にシジルを描き、タリズマンの形を作る。

↓

天使・悪魔を召喚し、タリズマンに力を入れてもらう。

目的のタリズマンを作る手順はこのとおりだ。そのために必要となるシジルが魔導書にはたくさん載っているのである。

【シジルの例】

A
A
SADAY
N
N
ADONAY
ELION

天使ザドキエルのシジル

積極的かつ受動的なすべての科学を教えてくれる。

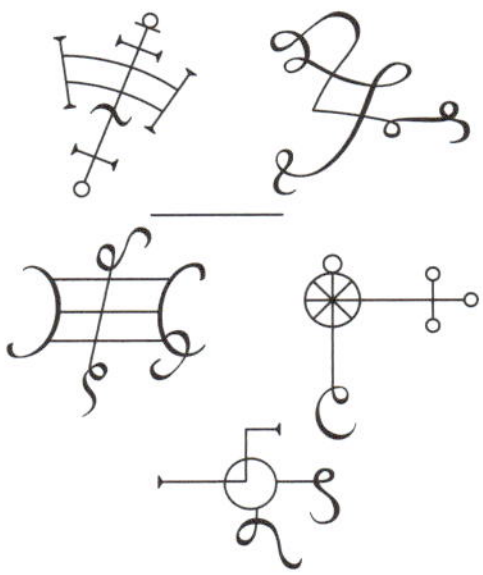

悪魔ブルフォルのシジル

悪魔の本性、拘束方法を知ることができる。

No.080

黒い本

Svarteboken Black Book

宝探しを重要なテーマにした「黒い本」はデンマークやスウェーデンに出回った魔導書の総称であり、教師・聖職者・兵士たちに読まれた。

●ヴィッテンベルクから来た魔導書

北欧にはドイツ語の魔導書がそのまま出回ることもあったが、18～19世紀のデンマークとスウェーデンには独自の内容の魔導書も出回っていた。それらの魔導書は一般に「黒い本」と呼ばれ、作者は聖キプリアヌスであることが多かった。

「黒い本」の内容は様々で、なかには護符や薬草について書かれた、魔導書とはいえないような本もあった。だが、宝探しが重要な要素になったのはほかの国と同じで、悪魔との契約が書かれているものもあった。たとえば、19世紀初頭の魔導書によれば、悪魔を召喚するには毎朝次のように唱えるとされていた。

「私は創造主および聖霊と絶縁します。そして、地獄の王ルシフェルに従います。ルシフェルは私の望みをかなえ、私はその見返りとして自分の血を与えます。私は自分の血で署名し、契約の証しとします」

18、19世紀の北欧には廉価版の魔導書はなかったので、魔導書の利用者は教師・聖職者・兵士などだった。なかでも兵士はしばしば悪魔と契約したが、その目的は富を得ることと弾に当たって死なないことだった。

「黒い本」にはアブラカダブラと同じ使い方をする“KALEMARIS”という護符もよく載せられていた。

魔導書にはよくあることだが、スカンジナビア半島の魔導書も魔術にゆかりのある土地で発行されたものだとされていた。しかし、その場所はローマやトレドといったよくある魔術の中心地ではなかった。スカンジナビア半島の「黒い本」の場合、発行場所にされるのはドイツのヴィッテンベルクが多かった。ヴィッテンベルクはもちろんファウスト博士が悪魔と契約を結んだことで有名な森がある町である。

北欧の「黒い本」

黒い本 →
- 北欧での魔導書の一般的な呼び名。
- しばしば聖キプリアヌスの作とされた。

内容は？
- 他の魔導書と同様に宝探しが重要な要素。
- 悪魔との契約を含むものもあった。

ちなみに北欧では教師・聖職者・兵士などが魔導書を利用したが、悪魔とよく契約したのは兵士だった。
富を手に入れ、弾に当たらないためさ！

❖「カレマリス」と「アブラカダブラ」の護符

KALEMARIS
KALEMARI
KALEMAR
KALEMA
KALEM
KALE
KAL
KA
K

カレマリスの護符

ABRACADABRA
ABRACADABR
ABRACADAB
ABRACADA
ABRACAD
ABRACA
ABRAC
ABRA
ABR
AB
A

アブラカダブラの護符

北欧の魔導書「黒い本」には、中世のヨーロッパにあった「アブラカダブラ」と同じような「カレマリス」の護符が載せられていた。これらは、病気や不幸、悪霊を追い払う護符で、同じようにして使った。まず、それぞれの言葉を上から順に1文字ずつ減るようにして紙の上に逆三角形に書き記す。それを布で包んで9日間首のまわりに結び付け、その後で東に流れる川に背を向け、肩越しに後ろに投げこむ。こうすることで、疫病などが追い払われたというのである。

ルネサンスの魔術思想

ヨーロッパでは14～16世紀のルネサンス時代ころから実に大量の魔導書が作られ、多くの人々に利用されるようになった。

天には精霊たちが住み、宇宙は生命のある有機的統一体であり、隅々までオカルト的な影響関係がおよんでいるという魔術的思想を、この時代のヨーロッパ人の多くが信じていたためだった。

ここで、この時代のヨーロッパで流行したこのような霊的で魔術的な思想について簡単に解説しておこう。

それはネオ・プラトニズムといわれる魔術思想で、古代地中海周辺で流行したヘルメス主義やグノーシス主義の影響を受けたものだった。

その思想によれば、この世界の初めの時、原初的宇宙にはただ1つの存在である神だけがあった。この神から光り輝く霊が流出し、この霊によって人間の住む宇宙（太陽系）が作られた。したがって、この宇宙に存在するすべてはただ1つの神から流出した霊からできているのである。

こうして作られた宇宙はまさに地動説的宇宙で、真ん中に空気の層に囲まれた地球があり、その回りに、太陽、月、火星、水星、木星、金星、土星という7つの惑星のための7つの天があった。その外側が、決して動かない無数の恒星のための第8天である。これが人間の住む宇宙の基本で、第8天の外側は神の存在する世界ということになる。

とはいえ、ここで重要になのはこの宇宙全体が神から流出した霊によって作られた1個の有機体のように考えられたということだ。つまり、宇宙全体が1個の動物のようなものということだ。そして、1個の動物である以上、どんなに遠く離れた部分にも必然的なつながりがある。その結果、大宇宙（マクロコスモス）である天体と小宇宙（ミクロコスモス）である地球や人間の間には完全な対応関係が成り立つとされた。すなわち、この宇宙では天体（霊）の力が地球や人間に大いに影響を与えるのである。

この種の思想は地中海世界から1度アラビア世界に入り込み、そこから『ピカトリクス』のような魔術書を通してふたたびヨーロッパに入り込んだ。そして、ルネサンス時代には多くの知識人が信じる思想となった。だからこそ、この時代にはあらゆる魔術的活動が真実らしく見え、次から次と魔導書が作られることになったのだ。

第4章
現代の魔導書

No.081

新時代の魔導書

Modern Grimoires

近代になると魔術の世界に新しい流れが生まれ、魔導書の内容が通俗的なものから高級なものへと変化することになった。

●魔導書の変容とフィクションの魔導書

魔導書はルネサンス時代ころから近代初期にかけてヨーロッパで大いに流行し、17、18世紀にもなると非常に大衆的なものになった。

しかし、こうした流れの中で、魔術の世界に新しい動きが起こり始めていた。それは、ルネサンス時代に知識人の間に流行した高等な魔術を復活させようとする動きだった。この動きは、合理主義と物質主義に対抗して過去の神秘主義を復活させようとするものであり、薔薇十字団やフリーメイソンにも見て取れた。だが、高等魔術が復活するために最も大きな影響力を発揮したのは、1810年にパリで生まれたエリファス・レヴィだった。このレヴィの思想を受け継ぐような形で、19世紀後半には黄金の夜明け団が作られ、マグレガー・メイザースやアレイスター・クロウリーのような魔術師も活躍することになったのだ。

この結果、魔導書も変容した。悪魔を呼び出して宝探しをするための通俗的な儀式が、唯一の神と一体化するための、いかにも高尚な儀式へと作り変えられたのである。そして、これによって魔導書も魔術も新しい生命を得たように、現代にまで生き続けることになった。

現代の魔術運動もその影響下にあるので、悪魔教会を興したアントン・サンダー・ラヴェイ、魔女宗を興したジェラルド・ガードナーなども、アレイスター・クロウリーの影響を受けているのである。

さらに、20世紀にはこれまでになかった新しいタイプの魔導書も作られるようになった。幻想文学の世界が魔術的伝統を受容し、架空の魔導書が生まれることになった。もちろん、最も有名なのはラヴクラフトによって作りだされたクトゥルフ神話に登場する『ネクロノミコン』であり、現実の魔導書以上に人々の人気を得ることになったのである。

魔導書と魔術の変化

魔導書の内容 → 19世紀に大きな変化が起こる。

変化前

魔導書の大衆化

宝探し、異性の獲得など、低俗魔術が目的。

変化後

魔導書の高級化

神と一体化する、高級魔術が目的。

高級な魔術を復活させる動きは、下図のような流れで現代魔術にも影響し、そのおかげで魔導書も新しい生命を得て、生き続けているのだ。

薔薇十字団
フリーメイソン

→ エリファス・レヴィ

→ 黄金の夜明け団
マグレガー・メイザース
アレイスター・クロウリー

→ 魔女宗
ジェラルド・ガードナー

→ 悪魔教会
アントン・サンダー・ラヴェイ

20世紀には、ラヴクラフトの『ネクロノミコン』のように架空の魔導書も登場し、人気を得るようになった。

No.082

エリファス・レヴィ

Eliphas Levi

高等魔術を信奉していたエリファス・レヴィは畢生の傑作『高等魔術の教理と祭儀』によって近代の魔術師たちに熱狂的に受け入れられた。

●高等魔術の復活過程で燦然と輝く

エリファス・レヴィ（1810～75）は近代における高等魔術復活の過程で最も影響力のあった人物である。

エリファス・レヴィ、本名アルフォンス・ルイ・コンスタンスは1810年に貧しい靴職人の息子としてパリで生まれた。幼少のころからカトリックの司祭となるための教育を受け、助祭にまで任命されたが、司祭になるための聖職按手式の直前に神学校から逃げ出した。その後は生活のために、教師や左翼的な政治記者などをしながら、魔術を学んだ。彼はスウェーデンボルグ、ヤコブ・ベーメ、サン・マルタンを読み、カバラを研究し、パラケルススなどに敬意を抱いた。そして、1856年、畢生の傑作『高等魔術の教理と祭儀』を発表し、次世代の魔術師たちを熱狂させたのである。

レヴィはカバラ思想とタロットを魔術の基礎に据えて、そこに当時は最新だった“メスメリズム”と“動物磁気”の概念を追加した。動物磁気を「星の光」、つまり当時の物理学がすべてに浸透すると考えていた「エーテル」と同じようなものと考え、メスメル理論とアストラル（星気体）の概念を関連させた。また、動物磁気は精神的にコントロールできるというメスメルの考えから、魔術師の意志は無限の力があると確信した。そして、マクロコスモス（宇宙）とミクロコスモス（人間）をリンクさせ、ルネサンス魔術が主張したような古いヘルメス学的伝統を蘇らせたのである。

このように、正統な高等魔術を信奉していたレヴィは悪魔を呼び出し、死者の魂を蘇らせる黒魔術は嫌悪していた。彼にとっては、悪名高いといわれる『小アルベール』、『大奥義書』、『ホノリウス教皇の魔導書』などは犯罪的な魔導書だった。しかし、そんなレヴィも『ソロモン王の鍵』は数少ない本物の魔導書の1つだと認めていた。

エリファス・レヴィの思想

エリファス・レヴィ → 『高等魔術の教理と祭儀』の著者。
近代の高等魔術復活の立役者。

その経歴は？

本名 アルフォンス・ルイ・コンスタンス（1810〜75）

・貧しい靴職人の息子として、パリに生まれる。
・カトリック教育を受け、25歳で助祭に任命される。
・神学校を逃げ出し、魔術を学ぶ。
・1856年『高等魔術の教理と祭儀』を発表。

その思想は？

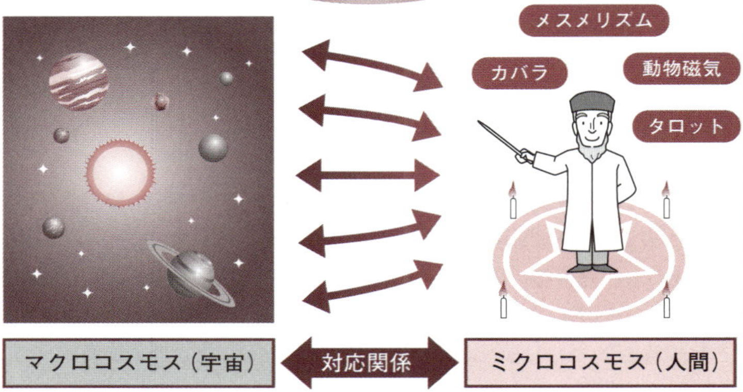
メスメリズム
カバラ
動物磁気
タロット
マクロコスモス（宇宙）
対応関係
ミクロコスモス（人間）

レヴィはカバラとタロット魔術を基本に、メスメリズムや動物磁気の概念も加え、魔術師の意志は無限であり、宇宙にも影響すると考えたのだ。

No.083

高等魔術の教理と祭儀

Dogme et ritual de la haute magie

『高等魔術の教理と祭儀』は近代魔術のためのまったく新しい魔導書であり、次の世代の魔術師たちに受け継がれ、多大な影響を与えた。

●次世代の魔術師を熱狂させた傑作

『高等魔術の教理と祭儀』（1856年刊）は近代魔術の生みの親ともいえるエリファス・レヴィの代表的著作であり、優れた魔導書である。レヴィの著作はほかにもあるが、1860年ころには非常に大きな影響力を持ち、次の世代の魔術師たちに受け継がれたのである。

『高等魔術の教理と祭儀』は、理論を解説した「教理篇」、実践方法を解説した「祭儀篇」の2つの部分から成っている。

「教理篇」は、魔術作業の根底に横たわる諸原理・諸理論の説明で、カバラ思想とタロットを基盤にし、そこに当時最新だった“メスメリズム”と“動物磁気”の概念が加えられていた。また、自然界に充満するアストラルエネルギーを魔術師が操るメカニズムについての説明もあった。

「祭儀篇」は、魔術の儀式に必要な諸道具の解説である。降霊術、呪術、占術といった実際の儀式の中で、これらの道具をどのように使い、魔術を実践したらいいかが詳しく述べられているのである。

たとえば、「祭儀篇」によれば、五芒星（ペンタグラム）には次のような意味と力があるという。

〈光芒を二つ上方へ向けている「五芒星」は「魔宴《サバト》」をあらわし、光芒を一つだけ上方へ向けているときは「救世主」をあらわす。〉

〈古えの魔術師たちは悪しき霊が入り込むのを防ぐために、また良き霊が出て行くのを防ぐために、自宅の戸口の敷居の上に「五芒星」の印しを描いたものである。このような拘束力は星の光芒の方向によってもたらされる。二つの先端が屋外に向いているときは悪しき霊を斥け、二つの先端が屋内に向いているときは彼らを閉じ込め、先端が一つだけ屋内に向いているときは良き霊を閉じ込める。〉（生田耕作訳）

新時代の魔導書

高等魔術の教理と祭儀 → エリファス・レヴィの代表作。

内容は？

教理篇　カバラ、タロット、メスメリズム、動物磁気などの概念を駆使した魔術の諸原理・諸理論の説明。

祭儀篇　降霊術、呪術、占術といった儀式における必要な諸道具および魔術の実践方法の解説。

「祭儀篇」が語るペンタグラムの意味

たとえば、ペンタグラムについて、「祭儀篇」に以下のような説明がある。

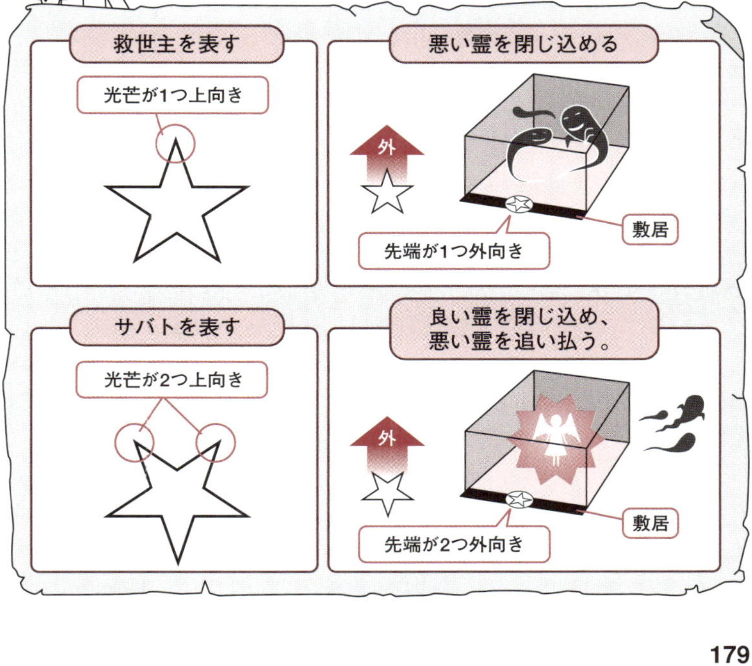
救世主を表す
光芒が1つ上向き
悪い霊を閉じ込める
外
敷居
先端が1つ外向き
サバトを表す
光芒が2つ上向き
良い霊を閉じ込め、
悪い霊を追い払う。
外
敷居
先端が2つ外向き

No.084

黄金の夜明け団

The Hermetic Order of the Golden Dawn

黄金の夜明け団は薔薇十字団やフリーメイソンの流れを汲む魔術組織であり、その儀式魔術の目的は至高の完全性を達成することにあった。

●近代魔術の母体となった魔術集団

黄金の夜明け団は近代魔術発展の歴史の中で最も強い影響力を持った魔術組織である。ウィリアム・ウィン・ウェストコット、マグレガー・メイザース、ウィリアム・ロバート・ウッドマンの3人によって、1888年にロンドンで設立された。これら3人はみなフリーメイソンであり、英国薔薇十字会のメンバーだった。だから、黄金の夜明け団の思想もフリーメイソンや薔薇十字団の流れを汲むものであり、さらにヘルメス主義、エリファス・レヴィの著作、エジプト魔術の影響などが混ざり合っていた。

黄金の夜明け団は儀式魔術の実践を目的にしていたが、それは宝探しのために悪魔を呼び出すような低俗な目的のものではなかった。黄金の夜明け団の目的は至高の完全性を達成することであり、そのために「オカルト学の原理とヘルメス主義の魔術」を教授することだった。黄金の夜明け団はある意味でオカルトの学校であり、メンバーは試験に合格することで位階の階梯を昇ることができた。だから、熱心なメンバーは勉強で多忙であり、様々な魔術用品や護符を用意して、自分自身の霊的本質を純化し高めようとしたのである。

設立から1890年代中ごろまでが団の黄金時代であり、ロンドン、ブラッドフォード、エジンバラ、パリなどに次々と神殿が設けられた。1896年までに315人が会員となった。有名人も多く、ウィリアム・バトラー・イェイツ、アルジャーノン・ブラックウッド、アーサー・マケン、ブラム・ストーカー、エドワード・ブルワー＝リットンなどの有名作家、ウェイト版タロットの製作者A・E・ウェイト、20世紀最大の魔術師といわれるアレイスター・クロウリーなどがいた。しかし、1900年ころから内紛が起こり、いくつもの会派に分裂してしまった。

黄金の夜明け団の概要

黄金の夜明け団

- 1888年、ロンドンで設立。
- 近代魔術の発展に寄与した魔術組織。

その思想は？

- エジプト魔術
- ヘルメス主義
- 薔薇十字団
- フリーメイソン
- エリファス・レヴィ

黄金の夜明け団

至高の完全性の達成が目的

黄金の夜明け団が目指したのは非常に高級な魔術だったのだ。

有名なメンバー

黄金の夜明け団には作家や魔術師など有名人が多かった。

設立者	メンバー
ウィリアム・ウィン・ウェストコット	ウィリアム・バトラー・イェイツ
マグレガー・メイザース	アルジャーノン・ブラックウッド
ウィリアム・ロバート・ウッドマン	アーサー・マケン
	ブラム・ストーカー
	エドワード・ブルワー=リットン
	A・E・ウェイト
	アレイスター・クロウリー

No.085

マグレガー・メイザース

Macgregor Mathers

黄金の夜明け団の設立メンバーだったマグレガー・メイザースは団の魔術体系の構築に不可欠の貢献をしたが、傲慢さゆえに追放されてしまった。

●黄金の夜明け団の魔術体系を作った功労者

マグレガー・メイザース（1854～1918）は黄金の夜明け団の魔術体系の構築になくてはならない貢献をした魔術師である。また、大英博物館やパリのアルスナル図書館の埋もれた資料を渉猟し、重要な魔導書の英訳版を出版したことで、魔導書の歴史にも不滅の足跡を残した人物である。

メイザースは本名はサミュエル・リデル・メイザースで、1854年にロンドンで生まれた。父の死後、海辺の町ボーンマスに移った。そのころ、近所にフリーメイソンのメンバーだったフレデリック・ホランドという男がおり、その影響で神秘思想に夢中になった。そして、1882年にホランドとともに“イギリス薔薇十字教会”に入会した。その後、自分のルーツはスコットランド貴族だという血統妄想を抱き、グレンストラ伯爵のマグレガーを名乗るようになった。

1885年に母が亡くなるとロンドンに引っ越し、本格的に神秘主義と魔術の本を執筆し始めた。1887年に自らの著作『ヴェールを脱いだカバラ』を発表、1889年には『ソロモン王の鍵』の決定版というべき英訳版を出版、1898年にはパリのアルスナル図書館で発見した『術士アブラメリンの聖なる魔術書』をヘブライ語から英訳して出版した。また、1903年に『レメゲトン』の第1章に当たる『ゲーティア』の英訳を出版している。

仲間とともに黄金の夜明け団を設立したのは、この間の1888年のことで、すぐに3首領の1人となった。そして、黄金の夜明け団の儀式や教材の大半を1人で書き上げたのである。だが、その性格があまりに傲慢だったため、メイザースは1900年に黄金の夜明け団を追放され、団は分裂した。メイザースはその後もA∴O∴（アルファ・オメガ）派を作るなどして活動し続けたが、黄金の夜明け団の再統一は実現しなかったのである。

メイザースの貢献

マグレガー・メイザース

- 黄金の夜明け団の重要な魔術師。
- 魔導書の研究者としても有名。

経歴は？

本名 サミュエル・リデル・メイザース
（1854〜1918）

・少年時から神秘思想に夢中になる。
・1882年、“イギリス薔薇十字教会”に入会。
・グレンストラ伯爵のマグレガーを名乗る。

業績は？

1885年から本格的に執筆開始。

1887年	自らの著作『ヴェールを脱いだカバラ』を発表。
1888年	仲間と黄金の夜明け団を設立。
1889年	『ソロモン王の鍵』の英訳版を発表。
1898年	『術士アブラメリンの聖なる魔術書』を英訳し、出版。
1900年	傲慢さから黄金の夜明け団を追放される。団の分裂。
1903年	『レメゲトン』の第1章『ゲーティア』の英訳を出版。

その後もA∴O∴（アルファ・オメガ）派を作るなどして活動し続けた。

メイザースは黄金の夜明け団だけではなく、魔導書の歴史にとってもなくてはならない人なのだ。

No.086

アレイスター・クロウリー

Aleister Crowley

メイザースの弟子だったクロウリーは、『法の書』や『第４の書』を書き上げ、魔女宗、悪魔教会などの現代の魔術運動にも大きな影響を与えた。

●現代の魔術運動にも多大な影響を与えた魔術師

『法の書』や『第4の書』などの魔術書を書いたアレイスター・クロウリーは20世紀で最も悪名高い魔術師である。彼は1875年にイングランドのウォリックシャー州レミントンで生まれたが、それはちょうどエリファス・レヴィが亡くなった年だった。それで、クロウリーは自分はレヴィの生まれ変わりだと信じていた。彼の父は裕福な醸造業者だったが、厳格なキリスト教徒で、彼は父の教育に反抗して邪悪な人々を好んだ。母親はそんな彼を黙示録に出てくる666の邪悪な怪物と評したという。

1898年、ケンブリッジ大学を出てすぐに黄金の夜明け団に入った彼は最初はマグレガー・メイザースの献身的な弟子だった。しかし、1904年ころからは反目しあうようになり、黄金の夜明け団も脱退した。このとき、クロウリーの主張によれば、メイザースが吸血鬼を送ってクロウリーを攻撃させたのに対して、クロウリーはベルゼブブと49の臣下のデーモンを送ってメイザースを襲わせるなど、2人の間で激しい魔術的戦闘が繰り広げられたという。

1904年に『法の書』を書いて**セレマ**という新しい宗教の原理を打ち立てたクロウリーは、その流れで、1907年に白銀の星団（A∴A∴）という自分の魔術教団を作り、1912年にドイツの東方聖堂騎士団（O.T.O.）の英国部長になった。そして、性魔術師として活躍した。

クロウリーは最後は財産もなくなり、不幸な放浪者となり、1947年にイングランドで亡くなったが、死後しばらくして、生前よりも多くの支持者を得るようになった。現代の魔術運動にも直接的な影響を残した。たとえば、魔女宗を興したジェラルド・ガードナー、そして悪魔教会のアントン・サンダー・ラヴェイもクロウリーの精神を受け継いでいるのである。

悪名高きクロウリー

アレイスター・クロウリー
- 『法の書』、『第4の書』の著者。
- 20世紀の最も悪名高き魔術師。
- 魔女宗・悪魔教会にも影響。

その経歴は？

アレイスター・クロウリー

1875年	イングランド生まれ。
1898年	ケンブリッジ大学を卒業。 同年、黄金の夜明け団に入り、メイザースの忠実な弟子として活動する。
1904年	メイザースと対立し、黄金の夜明け団を脱退。 同年、『法の書』を書き、新興宗教セレマを興す。
1907年	魔術教団“白銀の星団（A∴A∴）を設立。
1912年	ドイツの東方聖堂騎士団（O.T.O.）の英国部長になる。

その後、不幸な放浪者となり、1947年にイングランドで死亡。

死後に生前より多くの支持を得る

- 魔女宗：ジェラルド・ガードナー
- 悪魔教会：アントン・サンダー・ラヴェイ

アレイスター・クロウリーの影響は現代の魔術教団、魔女宗や悪魔教会にもおよんでいるのである。

用語解説

●セレマ→「汝の欲するところをなせ」を根本原理とする新宗教で、個人の真の意志の発見を目指す。

No.087

法の書

LIBER AL vel LEGIS (THE BOOK OF THE LAW)

セレマ教の聖典となった魔導書『法の書』は、クロウリーが守護天使エイワスが語る託宣を自動書記によって書きとったものだった。

●汝の欲するところをなせ、それが法とならん

『法の書』は20世紀で最も悪名高い魔術師アレイスター・クロウリー(p.184参照）が創始した宗教、セレマ教の聖典であり、神と一体化するための魔術を語った魔導書である。クロウリー自身の言葉によれば、それは「宇宙的規模を持った魔術の術式」（『法の書』解題・植松靖夫訳より）だという。しかし、『法の書』は寓意と象徴にあふれ、難解すぎるという欠点がある。「愚者がこの〈法の書〉とその注解を読もうとも、これを理解することはできまい」と3章63節に書かれているとおりである。

そもそもの成り立ちからして、『法の書』は謎めいている。1904年、すでに黄金の夜明け団を脱退していたクロウリーは、千里眼能力のある妻ローズ・ケリーとカイロに滞在していた。このとき、妻が突然神がかり、エジプト神話の神ホルスを召喚すべきだといい出した。そこでクロウリーが召喚儀式を行うと、守護天使エイワスが現れた。彼は神がかりになり、自動書記によってエイワスが語る220の託宣を書きとった。こうしてできあがったのが『法の書』であり、その中に「汝の欲するところをなせ、それが法とならん」という有名な託宣も含まれているのである。

このような本なので当然誹謗中傷も多い。だが、クロウリーの弟子で、魔術結社「東方聖堂騎士団(O.T.O.)」のグランドマスターとなったケネス・グラントは、『法の書』などのクロウリーの著作の中に登場する神々の「蛮名」や多くの秘儀は後の時代に作られた『ネクロノミコン』の中にも登場していると指摘している。この「蛮名」とはグラントが提唱した魔術概念で、発音不可能な神々の名前は凄まじい魔術パワーを有するというものだ。もしそうだとすれば、『法の書』はクトゥルフ神話の『ネクロノミコン』にも影響を与えたということになるだろう。

『法の書』とは？

法の書
- クロウリーが創始したセレマ教の聖典。
- 神と一体化するための魔導書。

内容は？

守護天使エイワスが語った220の託宣。

汝の欲するところをなせ、
それが法とならん。

クロウリーはそれを自動書記
で書きとったという。

短所は？

寓意と象徴にあふれ、難解すぎる。

愚者がこの〈法の書〉とその
注解を読もうとも、これを理
解することはできまい。

3章63節

影響は？

クトゥルフ神話の『ネクロノミコン』にも影響を与えた。

少なくとも、クロウリーの弟子のケネス・
グラントはそう考えていたのだ。

用語解説

●**エイワス**→クロウリーに「法の書」を伝えたとされる守護天使。エジプト神話の神ホルスが派遣した使者であり、「秘密の首領」の１人だといわれている。現代では「アイワス」と呼ぶ魔術師もいる。

No.088

第4の書

Book Four

『第4の書』は、クロウリーの最高傑作『魔術―理論と実践』を含む4部から成る魔導書で、正真正銘の高等魔術の書である。

●自分を高め、神と一体化することだけが目的

『第4の書』は、20世紀最大の魔術師といわれるアレイスター・クロウリーの書いた魔術書である。

クロウリーというと、黒魔術とか性魔術とかいわれることがあるが、この書の魔術は黄金の夜明け団の流れを汲む正当な高等魔術である。つまり、自分自身を高め、神との一体化を目指すものである。

4部構成の第1部「神秘主義」ではヨーガを解説している。ヨーガはインドの神秘主義で、瞑想や呼吸法によって宇宙との一体化を目指すが、これを西洋魔術に取り込んで理論化しているのである。

第2部「魔術」では魔術の実践である儀式について、様々な魔道具を取り上げながら、その意味や使用法を具体的に解説している。

第3部「魔術―理論と実践」は魔術の実践者が知っておかなければならない重要事項についての詳細な解説である。魔術的宇宙論、〈テトラグラマトン〉の術式、〈祓い〉について、〈召喚〉について、といった具合である。この第3部に、たとえば、次のような言葉がある。「〈唯一の至高の儀礼〉は〈守護聖天使の知識と交渉〉の達成である。それは全《まった》き人間を垂直線上に上昇させることである。この垂直線から少しでも逸脱すれば、黒魔術となる傾向がある。これ以外のいかなる操作も黒魔術である。」守護天使と交渉することは神と一体化するための前提だが、クロウリーはその目的から少しでもずれたものは黒魔術、つまり邪悪な魔術だというのである。こうした記述からも、クロウリーの魔術が正統な高等魔術であることがよくわかるだろう。

第4部「セレマ（法）」は、クロウリーが興したセレマ教についての解説で、『法の書』の内容も扱われている。

『第4の書』概要

第4の書
- クロウリーの書いた魔導書。
- 神との一体化を目指す高等魔術の書。

内容は？

第1部	「神秘主義」	呼吸・瞑想法で宇宙との一体化を目指すインドの神秘主義ヨーガの理論的解説。
第2部	「魔術」	魔術の儀式および様々な魔道具について、その意味や使用法を具体的に解説。
第3部	「魔術—理論と実践」	魔術的宇宙論、〈テトラグラマトン〉の術式、〈祓い〉について、〈召喚〉についてなど、魔術の重要事項についての詳細な解説。
第4部	「セレマ（法）」	クロウリーが興したセレマ教についての解説。

黒魔術（邪悪な魔術）の区別

第3部「魔術—理論と実践」によれば、良い魔術（白魔術）と邪悪な魔術（黒魔術）ははっきり区別されている。

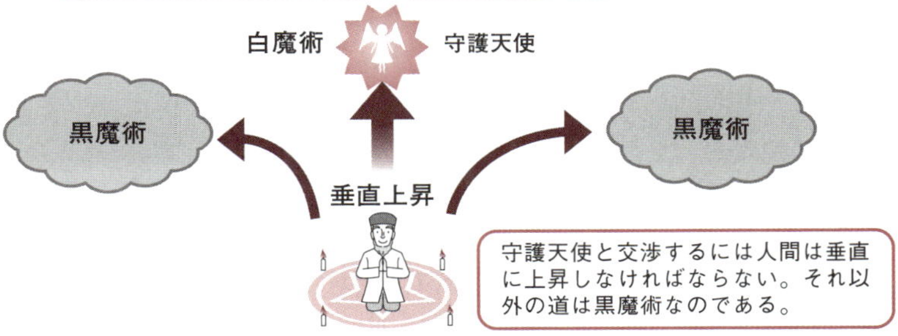
白魔術
守護天使
黒魔術
黒魔術
垂直上昇
守護天使と交渉するには人間は垂直に上昇しなければならない。それ以外の道は黒魔術なのである。

用語解説

●**第4の書**→「第4の書」の第1部、第2部は『神秘主義と魔術』、第3部は『魔術—理論と実践』として邦訳がある。

No.089

神秘のカバラー

The Mystical Qabalah

20世紀の最大の魔術師の１人ダイアン・フォーチュンによる、ユダヤ教カバラの奥義である〈生命の木（セフィロトの木)〉の攻略法とは。

●黄金の夜明け団流のカバラ魔術の書

『神秘のカバラー』（1935年）は20世紀の最大の魔術師の1人ダイアン・フォーチュンが書いた魔術書の傑作であり、魔術カバラの最高の解説書といわれているものである。

内容は、ユダヤ教カバラの奥義である〈生命の木（セフィロトの木)〉の攻略法の解説である。

〈生命の木〉は1～10の数字のある10個の球体セフィラーとそれを結ぶ22本の小道でできている。ここに宇宙のいっさいが封じ込められている。第1のセフィラー〈ケテル〉は宇宙における神の最初の現れ、神から流出した神の霊そのものである。第2の〈コクマー〉は神の霊から発する息吹である。このようにして、順次神から遠ざかり、最後に10〈マルクト〉が形成される。これは人間が生きている世界である。そこで、カバラの術者は〈マルクト〉から出発し、22本の小道を使ってそれぞれのセフィラーを会得し、全宇宙の中で最高の存在である〈ケテル〉への到達を目指す。つまり、魔術カバラは可視的・物理的現実界から出発し、中間の精妙な霊的世界（アストラル・ライト）を通過し、それを超越した存在へと至るための魔術である。究極の絶対者との合一をひたすら求めるのではなく、そこに至る段階を一つひとつ昇って行こうする精神的な修行なのである。

ただし、フォーチュンの魔術カバラはユダヤ教のカバラそのものではない。彼女は黄金の夜明け団の流れを汲む魔術師であり、『神秘のカバラー』はユダヤ教のカバラを黄金の夜明け団流に解釈しなおしたものである。

だが、それは非常に優れた解説であり、フォーチュンの弟子の1人W・E・バトラーは、西洋のカバラを志す者は『神秘のカバラー』を手に入れ、教科書として活用するのが至上命令であるとまでいっている。

『神秘のカバラー』概要

神秘のカバラー →

- ダイアン・フォーチュンの傑作。
- 魔術カバラ最高の解説書。

内容は？

ユダヤ教カバラの奥義〈生命の木（セフィロトの木）〉の攻略法

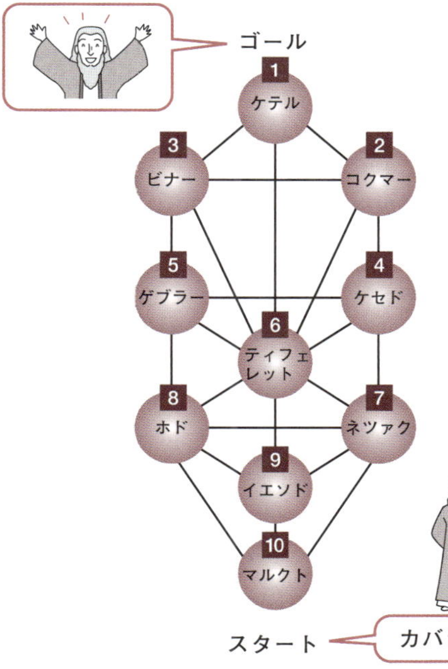

ゴール
1 ケテル
2 コクマー
3 ビナー
4 ケセド
5 ゲブラー
6 ティフェレット
7 ネツァク
8 ホド
9 イエソド
10 マルクト
スタート

カバラの術者

生命の木

〈生命の木〉は1～10の数字のある10個の球体セフィラーとそれを結ぶ22本の小道でできており、宇宙全体の象徴である。カバラの術者は〈マルクト〉から出発し、22本の小道を使い、全宇宙の中で最高の存在である〈ケテル〉への到達を目指す。

この〈生命の木〉を、『神秘のカバラー』は「可視的・物理的現実界から出発し、中間の精妙な霊的世界（アストラル・ライト）を通過し、それを超越した存在へと至る」魔術として解説するのである。

No.090

『影の書』と新興魔女宗ウィッカ

“Book of Shadows” and a new cult, Wicca

新興宗教ウィッカ（魔女宗）の魔導書『影の書』はユダヤ・キリスト教以前の古い神々を崇拝する魔女術の実践マニュアルである。

●学んだことを自ら書き記す魔導書

『影の書』は1950年代にイギリスで誕生した新興宗教ウィッカ（**魔女宗**）に伝わる魔導書であり、魔女術の実践マニュアルである。

ウィッカの創設者であるジェラルド・ガードナー（1884～1964）の考えでは、近代初頭のヨーロッパで魔女狩りの対象となった人々は決して悪魔の崇拝者ではなかった。彼らは実は古代異教の信者であり、何世紀もの間キリスト教の迫害を生き延び、古代魔女教団の儀式と信仰を伝えてきたのである。1939年、ガードナーはそんな魔女集団の生き残りをニューフォレストで発見し、入信した。そして、ガードナーは自分用の『影の書』の写本を受け取った。こうして、代々に渡り写本が受け継がれることで、古代異教の儀式と信仰が後の時代に伝えられてきたというのだ。

ただ、以上の話はガードナーの作り上げたフィクションである。現在ではウィッカの信者でもそれが古代から伝わるものと信じているわけではない。また、最初の『影の書』がガードナーの創作だということも知っている。大切なことは、彼らが信じているのが古代の異教だということだ。

古代の異教を信じるとはユダヤ・キリスト教以前の古い神々を崇拝することである。現在のウィッカにはさまざまな宗派があるが、基本的に彼らが重要視するのはディアナとかアラディアと呼ばれる女神である。彼らはカヴンと呼ばれる13人で構成される小グループに分かれており、それを女性の大祭司が指導する。『影の書』は基本的に1人に1冊与えられるが、それは最初は何も書かれていない。カヴンに入会した後で、そこで学んだ呪文や儀式、歌などを自ら記録するのである。このため、現在ではいろいろな版の『影の書』が存在するが、ガードナーが作ったウィッカの最初期からの信者であるドリーン・ヴァリアンテのものがとくに有名である。

魔女宗と『影の書』

影の書 → ウィッカ（魔女宗）の実践マニュアル。

ウィッカとは？

古代魔女教団の儀式と信仰を伝える魔女集団。

ユダヤ・キリスト教以前の古い神々を崇拝する。

女神ディアナまたはアラディアを重要視する。

カヴンという小グループで活動する。

『影の書』

新人

入会すると何も書かれていない『影の書』を渡され、カヴンの教えを受けながら自分でそれを完成するという。

こうして代々に渡り、『影の書』の写本が受け継がれ、古代の信仰が今に生きているというのだ。しかし、実は、ウィッカは1950年代にジェラルド・ガードナーが創立した新興宗教なのだ。

用語解説

●**魔女宗**→信者には男性も女性もいる。

No.091

ヴァリアンテの『影の書』

"Book of Shadows" by Doreen Valiente

本来は秘密のものだった『影の書』の内容がガードナーの愛弟子ヴァリアンテによって公開され、ウィッカの７つの儀式が明かされた。

●宇宙エネルギーを集積する魔法円

ドリーン・ヴァリアンテ（出生年不明〜1999）はガードナーが魔女宗ウィッカを創設した当初からの信者であり、魔女である。詩才にあふれた女性であり、ガードナーによって作られたウィッカの魔術の実践マニュアルである魔導書『影の書』を発展させるのにも大いに貢献した。

そんなヴァリアンテが彼女自身の**『影の書（リベル・ウムブラルム）』**を公開したのは1978年だった。ウィッカにおける『影の書』は本来は個人的で秘密なもので、公開されるべきものではなかった。しかし、ガードナーの死後、勝手に修正されたウィッカの儀式を流布する者も現れるようになった。そんなインチキを信じられては困るので、ガードナーの愛弟子である彼女が自身の『影の書』を公開することにしたのだという。

この『影の書』の中で、ヴァリアンテはウィッカにおける基礎的な7つの儀式について語っているが、それは魔法円の設定、自己参入儀式、聖別の儀式、満月のエスバットの儀式、サバトの儀式、カヴンの参入儀式、カヴンの呪文である。このほか、これらの儀式で使われる、七芒星、アンドレッドのルーン文字、紐の呪文、月の女神の召喚、角ある神の召喚、歌と踊りに関する説明もある。

これらの魔術儀式によって、魔女たちは自分たちの願望を実現しようとするわけだが、その願望は決して邪悪なものではないという点を強調したい。彼らの最大の願望は自然や宇宙との一体化だからだ。彼らは様々な儀式で魔法円を使うが、それは悪魔から身を守るためではない。魔女たちにとって魔法円とは宇宙エネルギーが集中する場であり、ストーンヘンジのようなものなのだ。魔女たちが、人間と自然を対立させるユダヤ・キリスト教を拒否し、古代異教の神を崇拝するのもそのためなのである。

ヴァリアンテの『影の書』の内容

ドリーン・ヴァリアンテ
- ガードナーの愛弟子。
- 1978年、自分の『影の書』を公開。

ヴァリアンテの『影の書』の内容

ウィッカの7つの基本儀式の解説

- 魔法円の設定
- 自己参入儀式
- 聖別の儀式
- 満月のエスバットの儀式
- サバトの儀式
- カヴンの参入儀式
- カヴンの呪文

＋

上の儀式で使われる、七芒星、アンドレッドのルーン文字、紐の呪文、月の女神の召喚、角ある神の召喚、歌と踊りに関する説明。

目的は？

自然や宇宙との一体化！

信者たちは自分たちの願望を実現しようとするが、それは決して邪悪なものではないのである。

用語解説

●**影の書（リベル・ウムブラルム）**→ヴァリアンテ著『魔女の聖典』（国書刊行会刊）に含まれている。

No.092

サタンの聖書

The Satanic Bible

悪魔教会の魔導書『サタンの聖書』が崇拝するサタン(悪魔)とは、ただのサタンではなく、キリスト教や社会の権威を否定する存在の象徴である。

●キリスト教的悪魔を否定する悪魔崇拝

『サタンの聖書』は1969年にアントン・サンダー・ラヴェイ(1930～1997)によって著され、翌年に出版されて大ベストセラーとなった魔導書である。ラヴェイ、本名ハワード・スタントン・リーヴィーはシカゴ生まれで、高校中退後にナイトクラブでオルガン弾きなどをしながら、オカルトの知識を身に付けた。そして、1960年代には黒魔術師としてサンフランシスコで有名になり、1966年に“Church of Satan”(悪魔教会)を設立した。この悪魔教会のために、ラヴェイが自分自身の思想と信念をまとめたのが『サタンの聖書』である。

しかし、『サタンの聖書』はその題名から想像されるような悪魔崇拝の書ではない。ここで重要なのは、ラヴェイにとってのサタンとは、キリスト教における悪魔ではなく、キリスト教そのものや社会の権威を否定する存在の象徴だということだ。ラヴェイはむしろ神や霊のような超自然的存在を否定するのである。だから、通常の意味の悪魔も否定されてしまう。

では、ラヴェイの悪魔とは何かといえば、それは自然そのものに内在する隠された力であり、人間そのものの欲望といってもいい。このため、情欲・高慢・大食などのキリスト教の7つの大罪も美徳とされるのだ。

しかし、人間の欲望を大事にするからといって、それは単純なヒューマニズムではない。なぜなら、ラヴェイの悪魔崇拝には普通のヒューマニズムには存在しない儀式や教義があるからだ。

これらの儀式や教義、それに付随する呪文や道具などについて解説したのが『サタンの聖書』なのである。したがって、『サタンの聖書』は魔導書的な体裁を持ってはいるが、その魔術は人間の欲望を解放するという方向に向かうもので、悪魔を呼び出すようなものではないのである。

悪魔教会と『サタンの聖書』

悪魔教会とは？

アントン・サンダー・ラヴェイが1966年に設立。

特別なサタンを崇拝する

人間そのものの欲望

自然に隠された力

キリスト教や社会の権威を否定する存在の象徴

キリスト教　　社会の権威

悪魔教会では、このように人間の欲望を解放する力がサタンとして崇拝されたのだ。

ただし、悪魔教会の信仰はただのヒューマニズムではなく、儀式や教義がある。それをまとめたのが『サタンの聖書』なのだ。

サタンの聖書

- 悪魔教会の思想をまとめた魔導書。
- 儀式や教義、呪文や道具の解説もある。

No.093

サタンの儀式

The Satanic Rituals

『サタンの聖書』の続編として作られた『サタンの儀式』は悪魔教会の９つの儀式について、全編にわたって細かく解説していた。

●クトゥルフ神話の影響もある現実の魔術書

『サタンの儀式』は、アントン・サンダー・ラヴェイが『サタンの聖書』の続編として1972年に発表した悪魔教会の魔導書である。『サタンの聖書』では十分に説明できなかった悪魔教会の様々な儀式を集めたような本で、“サタンの聖書の手引き”という副題がついている。

内容はほぼ全編が魔術儀式に関するもので、悪魔教会の9つの儀式について細かい説明がある。

第1の儀式は「心理劇としての黒ミサ」、第2は「悪魔の第7の証言」、第3は「台形の法則」、第4は「禿山の夜」、第5は「火の時代の巡礼者」、第6は「ラヴクラフトの形而上学」、第7は「悪魔の洗礼」、第8は「息苦しい空気の儀式」、第9は「未知の知識」と題されている。

どの儀式も個人的なものではなく、少人数あるいは大人数のグループで行う儀式である。

この魔導書の背景には、グノーシス主義、カバラ思想、ヘルメス主義、フリーメイソン思想などがあるといわれているが、儀式の題を見ればわかるように、ラヴクラフトの創作したフィクションであるクトゥルフ神話の影響まで受けているというかなり興味深い特徴がある。

その「ラヴクラフトの形而上学」と題された章には「9天使の儀式」および「クトゥルフの呼び声」と題された儀式がある。このうち「9天使の儀式」はクトゥルフ神話に登場する古き神々を讃える儀式である。つまり、この儀式はアザトース、ニャルラトテップ、ヨグ・ソトース、シュブ・ニグラスなど、小説でおなじみの神々を讃えるためのもので、参加者がヘキサゴン（六角形）を半分にした魔法の台形に入って行う儀式の手順と神々に捧げる賛歌が載せられているのである。

『サタンの儀式』概要

サタンの儀式
- 『サタンの聖書』の続編になる魔導書。
- 悪魔教会の9つの儀式を詳細に解説。

9つの儀式とは？

悪魔教会のシンボルのバフォメット

① 心理劇としての黒ミサ
② 悪魔の第7の証言
③ 台形の法則
④ 禿山の夜
⑤ 火の時代の巡礼者
⑥ ラヴクラフトの形而上学
⑦ 悪魔の洗礼
⑧ 息苦しい空気の儀式
⑨ 未知の知識

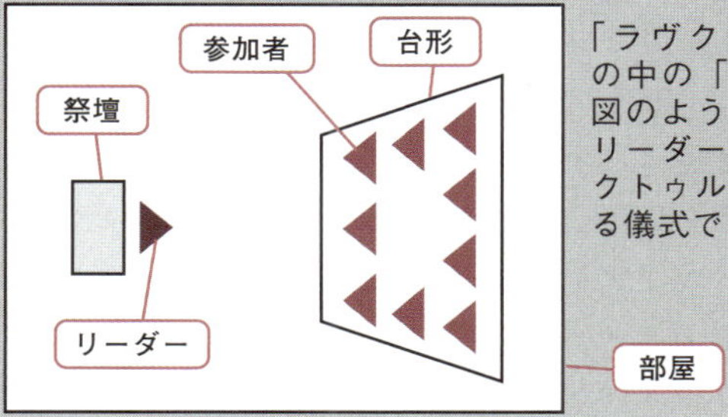

「ラヴクラフトの形而上学」の中の「9天使の儀式」は左図のように閉じた部屋の中でリーダーと参加者が向き合い、クトゥルフ神話の神々を讃える儀式である。

このように、『サタンの儀式』は架空のクトゥルフ神話の影響まで受けているという興味深い魔導書なのだ。

No.094

フィクションの魔導書

Fictional Grimoires

20世紀の魔導書には、『シグザンド写本』、『ネクロノミコン』など、ファンタジー文学に登場する架空の魔導書が加わり、人気を集めた。

●現実の魔導書にも影響を与えた架空の魔導書

20世紀に作られた有名な魔導書には、過去の魔導書とは決定的に違う特徴を持つものが現れた。それは、ファンタジー文学によって作られた、物語の中に存在する架空の魔導書である。

この種の魔導書の起源といえるのは小説家W・H・ホジスン（1877〜1918）が作り出した『シグザンド写本』である。1910年から1914年の間に書かれた短編小説シリーズの主人公、幽霊狩人の私立探偵トーマス・カーナッキがしばしば参考にする魔導書で、小説では14世紀のものとだとされている。この短編シリーズには他に『サアアマアア典儀』という魔導書も登場する。これらの魔導書を使うことで、私立探偵カーナッキは邪悪な霊たちから身を守り、事件を解決していくのである。

1924年には史上最も有名で最も大きな影響力を持つことになる架空の魔導書が誕生した。小説家ハワード・フィリップ・ラヴクラフトの短編小説『魔犬』に登場した『ネクロノミコン』である。その後、『ネクロノミコン』は様々な小説に登場し、徐々にその本質を明らかにしていった。同時に、ラヴクラフトの創作した世界観を基本的な前提として、その友人である作家たちが多数の小説を作り出し、「クトゥルフ神話」と呼ばれる完全に仮想的な神話の世界が膨らんでいった。そして、『ネクロノミコン』のほかにも『無名祭祀書《むめいさいし》』、『エイボンの書』、『妖蛆《ようしゅ》の秘密』など多数の魅力的な架空魔導書が作り出された。

しかも、ラヴクラフトの仮想神話や魔導書の影響は架空の世界だけにとどまらなかった。悪魔教会の魔導書『サタンの儀式』の中にクトゥルフ神話の神々を讃える儀式があるように、架空の魔導書が現実の魔導書に影響を与えるという奇妙な現象さえ起こしたのである。

架空の魔導書

魔導書の新しい流れ → ファンタジー文学に登場する架空の魔導書の人気が高まる。

架空魔導書の起源は？

シグザンド写本

サアアマアア典儀

↓

小説家W・H・ホジスンの短編集『幽霊狩人カーナッキの事件簿』で、私立探偵カーナッキが邪悪な霊たちから身を守るために使用する。

人気ある架空魔導書は？

「クトゥルフ神話」に登場する魔導書

- ネクロノミコン
- 無名祭祀書
- エイボンの書
- 妖蛆の秘密
- ルルイエ異本
- ナコト写本
- グラーキの黙示録

など

↓

ハワード・フィリップ・ラヴクラフトの創作した世界観を前提とした仮想的な神話世界にある魔導書で、世界の秘密や古き神々の召喚法などが記されている。

これらは架空の魔導書だが、20世紀には架空の魔導書が現実の魔導書に影響を与えるということも起こっているのである。

No.095

シグザンド写本

Sigsand Manuscript

謎に包まれた魔導書『シグザンド写本』には、恐るべき霊の攻撃を防御する円周と五芒星を組み合わせた魔法円の製作方法が記されていた。

●妖魔からの防御法が記された魔導書

『シグザンド写本』はイギリスの小説家W・H・ホジスン（1877～1918）が書いた短編集『幽霊狩人カーナッキの事件簿』の中で、私立探偵カーナッキが非常に頼りにしている魔導書である。小説によれば、この魔導書は14世紀に著されたと推定されるもので、古英語で書かれているという。

カーナッキが初めてこの魔導書に言及するのは、シリーズ第2作の短編『妖魔の通路（The Gateway of the Monster）』である。この物語の中で、カーナッキは古びた邸宅の一間に出現する妖魔から身を守るための結界を『シグザンド写本』を参考に作るのである。それは白墨で円周と五芒星を描いたものだ。さらに、カーナッキは『サアアマアア典儀』なるものを参考にもう1つの結界を付け加えている。白墨で描かれた円周の内側に水によってもう1つの円周を描き、二重になった円をたくさんの外向きの三日月型でつなぐのである。それから三日月のくぼんだ部分の外側に1本ずつ蝋燭を立て、五芒星の星型の先端部分に亜麻布に包んだパン切れを置く。さらに、星型の谷の部分には水を入れた5つの壺を置くのだ。そのうえ、カーナッキは白墨の五芒星と重なるように、真空管で作った電気式五芒星まで配置する。こうすることで、その夜のカーナッキは恐ろしい勢いで突進して来た妖魔の攻撃をなんとか防ぐことができたのである。

この物語から、『シグザンド写本』には恐るべき霊の攻撃を防御する方法が記されていることがわかる。また、他の物語から、「結界の中では火を使ってはいけない」とか「結界を描くのにたくさんの色を用いてはいけない」など、霊を防御するための注意点が記されていることもわかる。しかし、カーナッキはこの魔導書そのものについてはほとんど語らないので、どのような魔導書なのか全体像は謎に包まれているのである。

『シグザンド写本』概要

シグザンド写本 → 『幽霊狩人カーナッキの事件簿』に登場する魔導書。

小説では？

古英語で書かれた14世紀の魔導書

↓

恐るべき霊の攻撃を防御する結界の作り方が記されている

↓

赤の部分が『シグザンド写本』の結界。黒の部分が『サアアマアア典儀』による結界である。

水で描いた三日月
パン切れ
白墨の五芒星
水入りの壺
白墨の円
ろうそく
水で描いた円

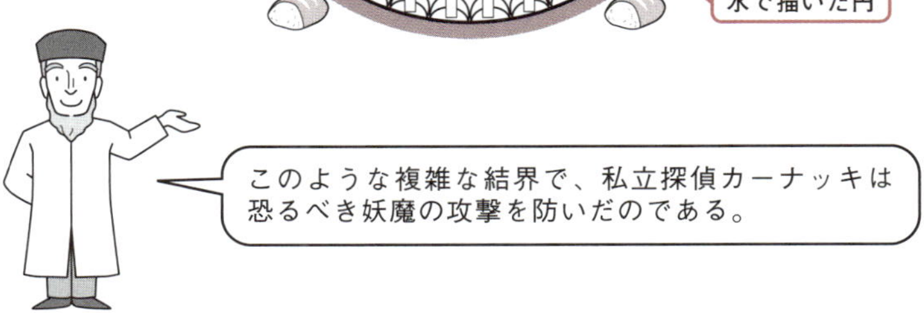
このような複雑な結界で、私立探偵カーナッキは恐るべき妖魔の攻撃を防いだのである。

No.096

サアアマアア典儀

the Saaamaaa Ritual

『サアアマアア典儀』には魔除けのための様々な印形のほかに、妖魔を追い払う最強の呪文「知られざる最終章」が記されていた。

●「知られざる最終章」の強力な呪文

『サアアマアア典儀』はイギリスの小説家W・H・ホジスン（1877〜1918）が書いた短編集『幽霊狩人カーナッキの事件簿』の中で、私立探偵カーナッキが『シグザンド写本』とともによく頼りにする魔導書である。『シグザンド写本』と同じく、シリーズ第2作の短編『妖魔の通路（The Gateway of the Monster）』で初めて言及されており、『シグザンド写本』による第1の結界を補完するための、第2の結界を描くのに利用されている（p.202参照）。また、その他の短編から、この本に魔除けのための様々な印形が載せられていることがわかる。

しかし、中でも特に強力なパワーを持つのは「知られざる最終章」と呼ばれる呪文のようだ。これが具体的にどのような呪文なのかは明かされていないが、短編『口笛の部屋』にはこの呪文が主人公カーナッキを救う場面がある。ある古びた城館の一室でのことだ。それは、夜になるといかにも恐ろしい口笛が聞こえてくる部屋なのだが、ある夜、カーナッキがそこに侵入すると、壁面が巨大な唇の形にむっくりと膨らんで襲いかかってきたのだ。これにはカーナッキも恐怖に縮んだが、このときどこからか「知られざる最終章」を唱える声が聞こえてきたのである。いったい誰が唱えたのか。それは最後まで分からないのだが、そのおかげでカーナッキは窓から逃げ出すことができ、一命を取り留めたのである。

ただ、『サアアマアア典儀』は時々利用されるものの、全体としてどのような本なのか説明はされない。『口笛の部屋』によれば、ラアアエエ魔術を行っていた反人類教の僧たちが唱えた経典だとされているのだが、それがどんな宗教で、いつの時代のものかもわからない。まったくといっていいほど謎めいた魔導書なのである。

『サアアマアア典儀』の概要

サアアマアア典儀 → 『幽霊狩人カーナッキの事件簿』に登場する魔導書。

小説では？

ラアアエエ魔術を行っていた反人類教の僧たちが唱えた経典

ラアアエエラアアエエラアアエエ…

※いつの時代のどんな宗教かは謎。

『シグザンド写本』と組み合わせて利用できる結界がある

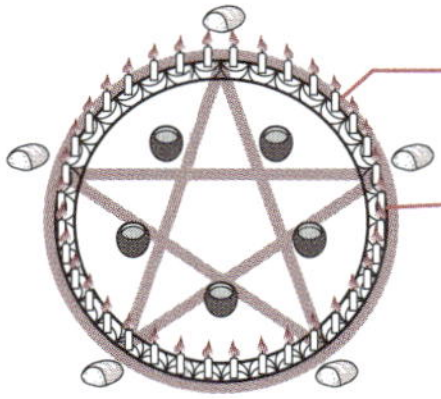
『シグザンド写本』の結界（赤色）
『サアアマアア典儀』の結界（黒色）

※詳しくはp.202参照。

強力なパワーを持つ「知られざる最終章」という呪文がある

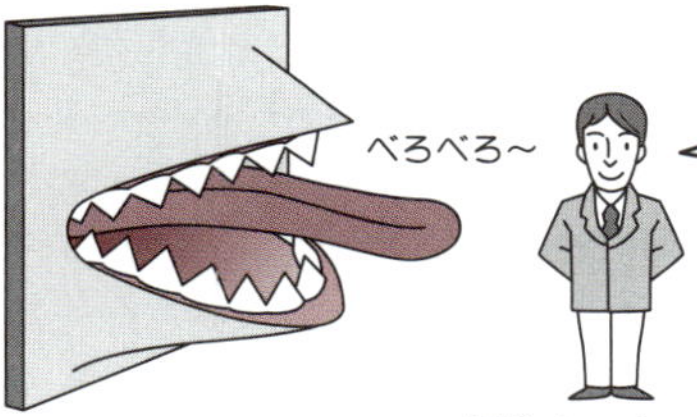
べろべろ～
このように壁から口が突出して襲ってきたとき、「知られざる最終章」の呪文が聞こえ、救われたのだ。
探偵カーナッキ

No.097

無名祭祀書

Unaussprechlichen Kulten or Nameless Cults

全世界を旅し、無数の秘密の知識を得たドイツの作家フォン・ユンツトによって書かれたという血も凍るような恐怖の記述に満ちた魔導書。

●血も凍る記述に満ちた暗黒の魔導書

『無《む》名《めい》祭《さい》祀《し》書』はクトゥルフ神話体系における架空の魔導書の1つである。ロバート･E･ハワード（1906～1936）の短編小説『夜の末裔』（1931)、『黒の碑』（1931）の中で最初に語られた。

神話体系内では以下のような書とされている。

ドイツの作家フォン・ユンツト（1795～1840）はタブーとされる諸分野の研究に生涯を捧げ、全世界を旅し、無数の秘密の知識を得た。そして、『無名祭祀書』（通称は『黒の書』）を書き、1839年にデュッセルドルフで、厚い革装で目立つ鉄枠を施された本として小部数だけ出版された。

その内容は理路整然たる章と理解不能な章が混在するが、見る人が見れば血も凍るような恐怖の記述に満ちている。この書の大半は当時の暗黒宗教類の儀式や呪物を論じているが、そうした中に「黒の碑」に関するものがある。この石碑はハンガリーのある山脈中にあるシュトレゴイカヴァールという村落の間近にあるが、それにまつわる奇怪な伝説がいくつも伝えられているという代物だ。

だが、この書にはさらに恐ろしい事件が付随していた。出版の翌年、著者のフォン・ユンツトが巨大な爪痕を首に残した死体となって、完全な密室で発見されたのだ。彼はこの書のために準備した一層細密な手稿を持っていたが、死体のあった部屋にはそれが千切り捨てられていた。そして、その手稿をつなぎ合わせて読んだ親友のフランス人アレクシス・ラドーも、その手稿を燃やした後で剃刀で喉を切って自殺したのである。

この事件が有名になったため、この本の所有者は恐怖に駆られ、みながみなそれを焚書にしてしまった。このために、いまやこの書の完全なものは世界中に数冊しかないのだ。

『無名祭祀書』の概要

無名祭祀書

- 「クトゥルフ神話」の魔導書の1つ。
- R・E・ハワードの短編『夜の末裔』、『黒の碑』に最初に登場。

小説では？

ドイツの作家フォン・ユンツトの著作

・1839年に小部数だけ出版。

・厚い革装で目立つ鉄枠を施された本。

内容は？

・理路整然たる章と理解不能な章が混在。

・血も凍るような恐怖の記述に満ちている。

・大半は当時の暗黒宗教類の儀式や呪物を論じている。

・「黒の碑」について記述がある。

恐ろしい事件が付随

・出版翌年、フォン・ユンツトが殺害される。

・ユンツトの手稿を整理した親友アレクシス・ラドーが謎の自殺。

No.098

エイボンの書

The Book of Eibon

ハイパーボリアの大魔術師エイボンがツァス＝ヨ語で書き記した魔導書には『ネクロノミコン』にも書かれていない秘密の知識が含まれている。

●超古代ハイパーボリア大陸の魔導書

『エイボンの書』はクトゥルフ神話の世界に存在する魔導書の1つである。クラーク・アシュトン・スミス（1893～1961）の短編小説『ウボ＝サスラ』（「ウィアード・テイルズ」1933年7月号）に初めて登場した。そして、ラヴクラフトの小説でも何度も言及された。また、近年ではクトゥルフ神話体系の研究者ロバート・M・プライスを中心とした作家たちによって、『エイボンの書』そのものも創作されている。

クトゥルフ神話においては、『エイボンの書』はハイパーボリアの大魔術師エイボンによって、ハイパーボリアの言語ツァス＝ヨ語で書かれたとされている。ハイパーボリアは地球最後の氷河期が始まる1世紀以上も前に存在した極北の大陸である。大魔道師エイボンはこの大陸北方のムー・トゥーランという半島に住んでいたが、ツァトゥグァを崇拝していた。ツァトゥグァは地球誕生後間もなくサイクラノーシュ（土星）からやって来たとされる神で、ハイパーボリアなどで広く崇拝されていた存在である。

その内容は、超古代の有害な神話、儀式、礼拝式、邪悪な呪文などが集められたものであり、そこには『ネクロノミコン』にも書かれていない秘密の知識も含まれているという。また、ツァトゥグァを始めとする旧支配者（グレート・オールド・ワン）と呼ばれる神格たちに関する伝説も含まれているといわれる。

近年ロバート・M・プライスらによって創作された『エイボンの書』によれば、全体は5書から成る。第1書は古の魔術師たちの物語集、第2書は魔術師エイボン自身の逸話集、第3書は旧き神々の系譜集、第4書は旧き神々への祈願文の集成、第5書は旧き神々の召喚などを含む様々なエイボンの魔術儀式および呪文の集成だとされている。

『エイボンの書』の概要

エイボンの書

- 「クトゥルフ神話」の魔導書の1つ。
- C・A・スミスの短編『ウボ＝サスラ』に最初に登場。
- 近年、作家ロバート・M・プライスらによって、『エイボンの書』そのものも創作されている。

構成

第1書	古の魔術師たちの物語集
第2書	魔術師エイボン自身の逸話集
第3書	旧き神々の系譜集
第4書	旧き神々への祈願文の集成
第5書	旧き神々の召喚などを含む様々なエイボンの魔術儀式および呪文の集成

小説では？

ハイパーボリア大陸

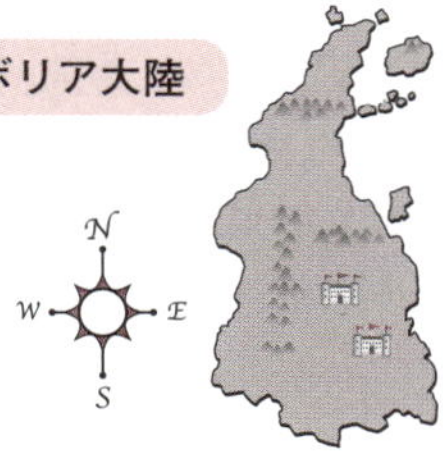

魔術師エイボン

- 超古代の極北の大陸ハイパーボリアの大魔術師エイボンがツァス＝ヨ語で書いた。
- 超古代の有害な神話、儀式、礼拝式、邪悪な呪文などがある。
- 古き神々の伝説も含まれている。

No.099

妖蛆の秘密

Mysteries of the Worm（De Vermis Mysteriis）

魔女として処刑された錬金術師ルドウィク・プリンが獄中で書き上げた魔導書にはエジプト周辺で獲得された禁断の知識が収められていた。

●星からの使い魔を召喚する呪文

『妖蛆《ようしゅ》の秘密』はクトゥルフ神話に登場する架空の魔導書の1つである。1935年、ロバート・ブロックの短編小説『星から訪れたもの』（『The Shambler from the Stars』）の中で初めて語られた。

物語によれば、『妖蛆の秘密』を書いたのはルドウィク・プリンという人物である。彼は第9次十字軍唯一の生き残りという錬金術師で、1541年にベルギーで魔女として処刑されたが、その直前に獄中でこの書を書き上げたのである。その後、この書は密かに外部に持ち出され、翌年にドイツのケルンでラテン語版が小部数だけ発行された。一説によれば、鉄の表紙の大きな黒い本だったという。『妖蛆の秘密』は発行直後に教会によって禁書となったが、とにかくそのうちの1冊がある古書店の棚に置かれており、それを物語の書き手である「わたし」が手に入れたのである。

その本は16章からなっていたが、そこに書かれていたのはエジプト周辺でプリンが手に入れた禁断の知識の数々で、奇怪な神々を召喚する呪文と魔法も記されていた。また、父なるイグ、暗きハン、蛇髪のバイアティスなどの知られざる神々についても記述されていた。

呪文の1つは「ティビ・マグナム・インノミナンドゥム・シグナ・ステラルム・ニグラルム・エト・ブファニフォルミス・サドクァエ・シギラム……」というもので、星からの使い魔を召喚するものだった。

しかし、この呪文は唱えない方がよいものだった。『星から訪れたもの』によれば、「わたし」の友人はこの本の解読に夢中になり、うっかりその呪文を声に出して唱えてしまった。すると、窓の外の虚空に哄笑が響き、彼の身体は空中で血を噴き出して引き裂かれた。そして、恐ろしい姿の星からの使い魔が本当に姿を現したのである。

『妖蛆の秘密』の概要

妖蛆の秘密

- 「クトゥルフ神話」の魔導書の1つ。
- ロバート・ブロックの短編小説『星から訪れたもの』に最初に登場。

小説では？

『妖蛆の秘密』には何が書かれているのか？

『妖蛆の秘密』

・著者ルドウィク・プリンがエジプト周辺で得た禁断の知識の数々。

・奇怪な神々を召喚する呪文と魔法。

・知られざる神々についての記述（父なるイグ、暗きハン、蛇髪のバイアティスなど）。

・星からの使い魔を召喚する呪文。

ティビ・マグナム・インノミナンドゥム・シグナ・ステラルム……

著者のルドウィク・プリンとは？

・錬金術師。

・第9次十字軍唯一の生き残り。

・1541年、ベルギーで魔女として処刑。

No.100

ネクロノミコン

Necronomicon

狂える詩人アブドゥル・アルハザードによって著された禁断の魔導書には旧支配者と呼ばれる古き神々やその宗教の秘儀の数々が記されていた。

●クトゥルフ神話最大の禁断の魔導書

『ネクロノミコン』(『死霊秘法』)はクトゥルフ神話中で最も重要な禁断の魔導書である。小説『魔犬』で初めてこの魔導書を登場させたラヴクラフトはその後も自作の中で何度もこの書を取り上げた。1927年には『ネクロノミコンの歴史』という短い作品によって、その歴史の概要を明らかにしている。『ネクロノミコン』の内容に関しては、ラブクラフトはいくつかの謎めいたヒントを提示するだけなので、その全体像は想像するしかない。だが、近年では、『魔導書ネクロノミコン』(ジョージ・ヘイ著/1978年刊)や『ネクロノミコン―アルハザードの放浪』(ドナルド・タイスン著/2004年刊)のように、『ネクロノミコン』そのものを再現した作品も書かれており、全体像も想像しやすくなっている。

クトゥルフ神話では、『ネクロノミコン』は紀元730年ころにイエメンの狂える詩人アブドゥル・アルハザードによって著されたとされている。原題は『アル・アジフ』だった。アルハザードはバビロニアの廃墟、古代エジプトの都メンフィスの地下洞窟、さらにアラビアの砂漠で10年間も暮らし、英知を得た。そして、人類よりも古い種族の存在を知り、ヨグ・ソトースやクトゥルフなど旧支配者と呼ばれる神々を崇拝するようになった。つまり、『ネクロノミコン』にはこれらの神々のことやその宗教の秘儀が書かれているということだ。前述のドナルド・タイスンによれば、この書には「高みの天球層の彼方に生息する生物、失われた都市、人類の記憶から忘れ去られた土地に関する報告」、「死者の魂をその死体の中に召喚し、世界の根底に隠された秘密を、拷問によって聞き出す方法」、「人類の存続に脅威をおよぼす、星のなかに棲む恐るべき力をもった生物を抑制する方法」などが書かれているとされている。

『ネクロノミコン』の概要

ネクロノミコン

「クトゥルフ神話」中で最も重要な禁断の魔導書。

ラヴクラフトの短編小説『魔犬』に最初に登場。

神話では？

710年ころ、狂詩人アブドゥル・アルハザードが書いた。

ヨグ・ソトースやクトゥルフなど旧支配者と呼ばれる古き神々のこと、その宗教の秘儀について。

↓

アルハザードは10年間も古代遺跡で暮らし、これらの英知を得たという。

↓

『ネクロノミコン―アルハザードの放浪』
（ドナルド・タイスン著／2004年刊）では…

『ネクロノミコン』

・高みの天球層の彼方に生息する生物、失われた都市、人類の記憶から忘れ去られた土地に関する報告。

・死者の魂をその死体の中に召喚し、世界の根底に隠された秘密を、拷問によって聞き出す方法。

・人類の存続に脅威をおよぼす、星のなかに棲む恐るべき力をもった生物を抑制する方法など。

クトゥルフ神話は新しい作品が書かれるたびに進化するのである。

No.101

ヴォイニッチ手稿

Voynich Manuscript

クトゥルフ神話にも登場する『ヴォイニッチ手稿』は世界で最もミステリアスな実在の書物であり、1969年以降はエール大学に保管されている。

●エール大学に保管されている実在のミステリー

英国の作家コリン・ウィルソンはクトゥルフ神話に属する小説『賢者の石』、『ロイガーの復活』の中で、『ネクロノミコン』の写本の1つとして『ヴォイニッチ手稿』という暗号で書かれた書物を登場させた。

ここに出てくる『ヴォイニッチ手稿』は実は「世界で最もミステリアスな書物」といわれる、実在する謎の手稿である。あまりに謎めいているために何について書かれているかさえはっきりしない代物だが、クトゥルフ神話の作家たちもこの書から刺激を受けた可能性がある。

1912年のことだ。もとポーランド人革命家で、シベリアに追放された後にヨーロッパに渡り、書籍商として暮らしていたウィルフレッド・マイケル・ヴォイニッチという人物が、ローマ近郊のイエズス会系の城で木箱に入った不思議な本を発見した。それは全部で230ページほどの手稿で、見たことのない文字がびっしりと書き込まれており、裸の女性が沐浴するイラストや、たくさんの薬草らしい植物のイラストが描かれたものだった。

これが後に『ヴォイニッチ手稿』と呼ばれることになる謎の書物だったが、ヴォイニッチはこれは13世紀のものでアルベルトゥス・マグヌスかロジャー・ベーコンが書いたものだと考えた。そして、この本は1度はジョン・ディーの蔵書となり、その後にルドルフ2世に譲られたのだと確信した。そこで、ヴォイニッチは専門家の鑑定を受けた後に当時の金額で16万ドル（現在の2億円）という値を付けて売りに出した。しかし、謎の多すぎる本であり、結局買い手はつかず、1969年以降はエール大学に保管され、現在は誰でもその内容を見ることができるようになっているのである。その内容はいまだに解読されていないのだが、エドワード・ケリーがジョン・ディーをだますために偽造したものではないかという説がある。

『ヴォイニッチ手稿』の概要

ヴォイニッチ手稿

- クトゥルフ神話に登場する魔導書。
- 作家コリン・ウィルソンが小説『賢者の石』、『ロイガーの復活』に登場させた。
- 実は実在する本である。

実在の『ヴォイニッチ手稿』の伝説

- 1912年、書籍商W・M・ヴォイニッチがローマ近郊の城で発見。
- 全部で230ページほどの手稿。
- 見たことのない文字、裸の女性が沐浴するイラスト、たくさんの薬草らしい植物のイラストなどが描かれていた。
- エドワード・ケリーがジョン・ディーをだますために偽造したものではないかという説がある。

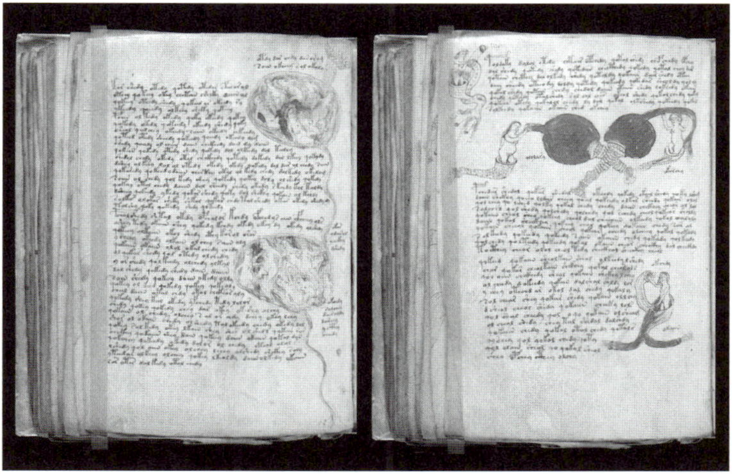

エール大学にある写本の一部

ソロモン王のペンタクル一覧

以下に挙げているのは『ソロモン王の鍵』に掲載されている44個のペンタクルである。『ソロモン王の鍵』の魔術では、これらのペンタクルが非常に重要な働きをする。ペンタクルについての詳しい解説、作り方については第2章のNo.037とNo.038を参照してほしい。なお、以下の説明は『The Key of Solomon the King（Clavicula Salomonis）』（S. L.MACGREGOR MATHERS英訳／WEISER BOOKS）を基にしている。

土星の第1ペンタクル

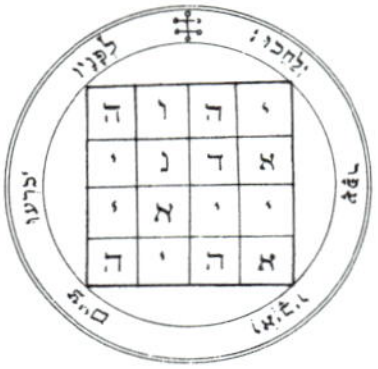

霊に恐怖を与えるときに有益で大いに価値あるペンタクルである。これを見せれば霊は屈服し、この前にひざまずいて祈れば霊は服従する。

土星の第2ペンタクル

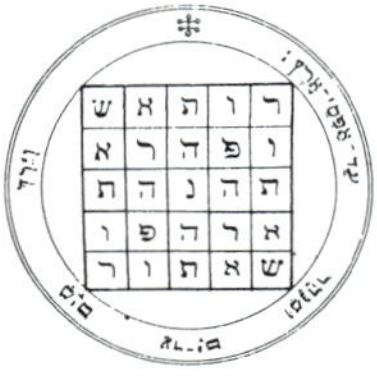

敵に対するときに大いに価値あるペンタクルである。とくに高慢な霊の鼻柱をへし折るのに役に立つ。

土星の第3ペンタクル

夜間に土星の霊を召喚するときに役立つペンタクルである。ただし、必ず魔法円の中で作らなければならない。

土星の第4ペンタクル

主に荒廃・破壊・死をもたらす魔術に用いるペンタクルである。また、このペンタクルによって南側から召喚した場合、霊は重大な情報をもたらす。

土星の第5ペンタクル

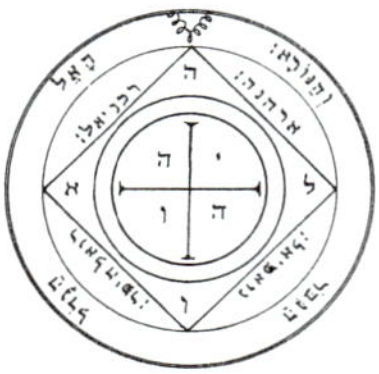

夜間に土星の霊を召喚する者を守ってくれるペンタクルである。また、財宝を守る霊を追い払うのに役立つ。

土星の第6ペンタクル

このペンタクルは、周囲に敵対する者を象徴する名を書き記して用いる。その名を唱えることで敵対者は悪魔に取りつかれることになる。

土星の第7ペンタクル

このペンタクルに名が記された天使たちは宇宙を震わせる力があり、これを用いると地震を引き起こすことができる。

木星の第1ペンタクル

木星の霊、とくにペンタクルの周囲に記された霊たちを呼び出すのに役立つ。その中に宝物の支配者であるパラシエルがおり、宝を手に入れる方法を教えてくれる。

木星の第2ペンタクル

栄光、名誉、威厳、富、そしてあらゆる良いものを心の平安とともに獲得するのに役立つペンタクルである。処女羊皮紙にツバメの羽根ペンで書くこと。

木星の第3ペンタクル

霊を召喚した者を守ってくれるペンタクルである。霊が出現したらこのペンタクルを見せればよい。するとすぐにも霊は服従する。

木星の第4ペンタクル

富と名誉を手に入れ、財産を築くペンタクルである。木星が巨蟹宮にある木星の日と時間に天使バリエルの名を銀板に彫って作る。

木星の第5ペンタクル

巨大な力があるペンタクルで、特別な幻影で啓示をもたらす。『創世記』の中で族長ヤコブが天国に続く梯子を見たのもこのペンタクルの力である。

木星の第6ペンタクル

このペンタクルに敬意を払い、周囲に刻まれた詩句「それゆえ、お前は死なない」を繰り返し唱えることで、地上のあらゆる危険から身を守ることができる。

木星の第7ペンタクル

このペンタクルに書かれた詩句(『詩編』113篇7節)を繰り返し唱えれば貧困にならずに済む。さらに、宝物を守る霊を追い払い、それを獲得することができる。

火星の第1ペンタクル

ペンタクルに刻まれている火星の4霊を召喚することができる。その霊は、マディミエル、バルザキアム、エシエル、イシュリエルである。

火星の第2ペンタクル

患部に当てることで、病気や怪我を癒してくれる。ヨハネの福音書1章4節「言葉のうちに命があった。命は人間を照らす光であった」が周囲に刻まれている。

火星の第3ペンタクル

戦争、怒り、不和、敵対心を引き起こすペンタクルである。また、反逆する霊たちに恐怖を起こさせる力もある。全能の神の様々な名が刻まれている。

火星の第4ペンタクル

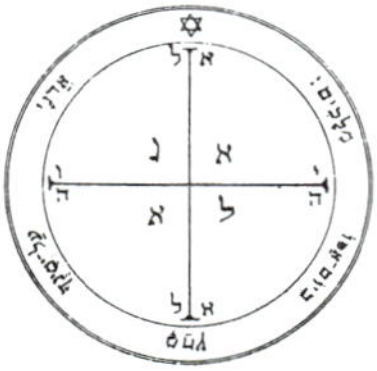

戦争における偉大な美徳と力を持つペンタクルであり、それゆえに、これがあれば必ず戦争に勝つことは疑いがない。

火星の第5ペンタクル

このペンタクルを処女羊皮紙に描くならば、悪霊を服従させることができる。このペンタクルは悪霊にとってそれほど恐ろしく、抵抗できないものである。

火星の第6ペンタクル

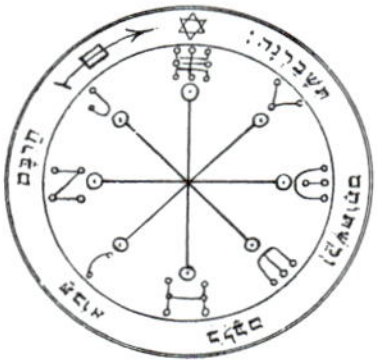

偉大な防御力のペンタクルであり、これを持っていれば誰に襲われても怪我をすることはないばかりか、敵の武器は敵自身を傷つけることになる。

火星の第7ペンタクル

火星の霊を召喚し、火星の日と時間に処女羊皮紙にコウモリの血で描いたこのペンタクルを見せる。するとたちまちのうちに雹と嵐を起こすことができる。

太陽の第1ペンタクル

全能の神シャダイの顔が描かれたペンタクルである。この顔を見せるとあらゆる生き物が服従し、天使たちは跪いてうやうやしく敬礼する。

太陽の第2ペンタクル

太陽の霊たちは本性から完全に傲慢で誇り高い。だが、このペンタクルやほかの太陽に属するペンタクルはみな、その霊たちの自尊心と傲慢を押さえつける力がある。

太陽の第3ペンタクル

神聖なテトラグラマトンの4文字が12個記されている。太陽の第1、第2のペンタクルの効果に加えて、王国や帝国、名声と栄光を獲得させてくれる力がある。

太陽の第4ペンタクル

目に見えない姿で出現する霊たちを目に見えるものにしてくれる力がある。このペンタクルを包みから出した瞬間に彼らは目に見えるようになるのである。

太陽の第5ペンタクル

ある場所から別な場所へと人を移動させてくれる霊を召喚するためのペンタクルである。どんな遠い距離でもこれがあればあっという間に移動できる。

太陽の第6ペンタクル

このペンタクルは正確に作りさえすれば、ものの見事に姿を透明にすることのできる力を持つものである。

太陽の第7ペンタクル

牢屋に入れられ、鉄の足かせをはめられても、太陽の日と時間に金に彫られたこのペンタクルがあれば、たちどころに解放され、自由の身になれる。

金星の第1ペンタクル

ノガヒエル、アチェリア、ソコディア、ナンガリエルの4天使の名があるこのペンタクルは、金星の霊のなかでもこれら4天使に対して大きな力を発揮する。

金星の第2ペンタクル

このペンタクルがあれば、恩寵と名誉を得られるだけでなく、金星と関係するすべてのことを成就することができるのである。

金星の第3ペンタクル

このペンタクルを誰かに見せると、その者はあなたを愛するようになる。このペンタクルの天使モナキエルは金星の日の金星の時間、1時と8時に召喚すべきである。

金星の第4ペンタクル

このペンタクルは強力で、金星の霊を強制し、服従させることができる。さらに、来てほしいと望む人をすぐにも来させることができる。

金星の第5ペンタクル

このペンタクルを誰かに見せると、ただそれだけでその人は非常に激しくあなたを愛してしまうことになる。

水星の第1ペンタクル

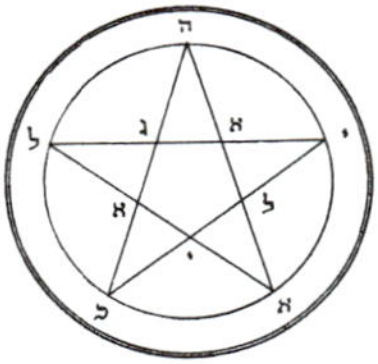

天使レカヘルとアジエルの名があるこのペンタクルは、天空の下に住む霊たちを召喚するのに大いなる力を発揮する。

水星の第2ペンタクル

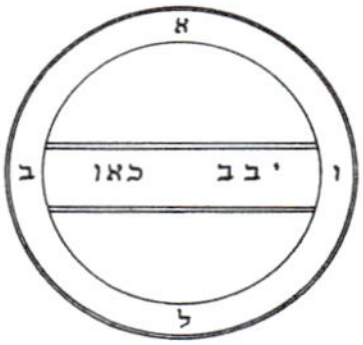

このペンタクルの精霊たちは自然に反した結果をもたらす力がある。また、他人が思いつかないようなことも簡単に答えてくれる。だが、彼らを見るのは非常に難しい。

水星の第3ペンタクル

水星の霊に力があるが、とくにそこに書かれている霊たちに力を持つペンタクルである。その霊とは、コカヴィエル、ゲオリア、サヴァニア、コクマヒエルである。

水星の第4ペンタクル

あらゆる事柄について知識と理解を得ることができ、すべての秘密に精通できるペンタクルである。また、霊たちに命令を下し、速やかに実行させることができる。

水星の第5ペンタクル

このペンタクルによって水星の霊に命じれば、固く閉じられた扉を開くことができ、どの方向にも進むことができ、しかも邪魔されることもない。

月の第1ペンタクル

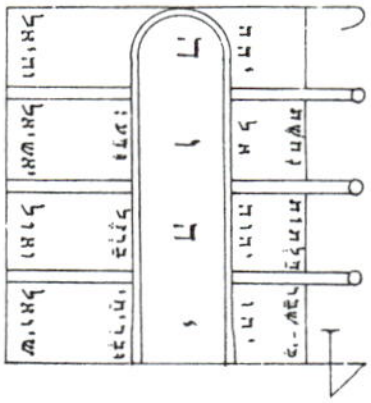

ドアまたは門の象形文字的図形が描かれたこのペンタクルがあれば、月の精霊を召喚し、固く閉じられた扉を開けてどの方向にも進めるようになる。

月の第2ペンタクル

あらゆる水難に有効なペンタクルである。また、月の精霊が術者を恐怖させようと魔法円のまわりに大嵐を起こすことがあっても、すぐに鎮めることができる。

月の第3ペンタクル

このペンタクルは旅をするときに持参すると大いに役立つ。これがあれば夜間であっても強盗に襲われることはなく、あらゆる種類の水難から守られる。

月の第4ペンタクル

邪悪なものから守り、肉体的かつ精神的に傷つかないようにしてくれる。天使ソフィエルの名を呼ぶだけで、薬草と石に関するすべて知識を与えてくれる。

月の第5ペンタクル

このペンタクルがあれば、知りたいことを眠っている間に知ることができる。また、破壊と損失をもたらす天使イアカディエルの力を敵に対して向けることができる。

月の第6ペンタクル

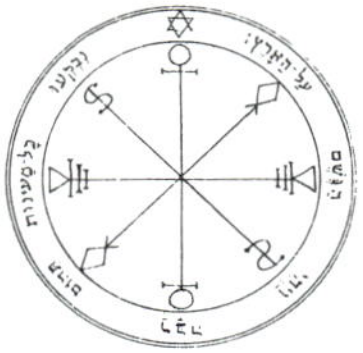

月の日と時間に銀板に彫られたこのペンタクルを水の中に沈めると、激しい雨を降らすことができる。しかも、雨はペンタクルを水から出すまで降り続ける

索引

あ

か

さ

た

な

は

参考文献・資料一覧

魔術の歴史　エリファス・レヴィ 著／鈴木啓司 訳　人文書院

魔術の歴史　J.B.ラッセル 著／野村美紀子 訳　筑摩書房

魔術の歴史　リチャード・キャベンディッシュ 著／栂正行 訳　河出書房新社

メフィストフェレス　近代世界の悪魔　J.B.ラッセル 著、野村美紀子 訳　教文館

魔法―その歴史と正体　K.セリグマン 著　平凡社

魔女と魔術の事典　ローズマリー・エレン・グィリー 著／荒木正純、松田英 監訳　原書房

魔道書ソロモン王の鍵　青狼団 著　二見書房

聖書　旧約聖書続編つき　新共同訳　日本聖書協会

ルネサンスの魔術思想　D.P.ウォーカー 著／田口清一 訳　平凡社

宗教と魔術の衰退（上・下）　キース・トマス 著／荒木正純 訳　法政大学出版局

黒魔術　リチャード・キャベンディッシュ 著／栂正行 訳　河出書房新社

ジョン・ディー　エリザベス朝の魔術師　ピーター・J・フレンチ 著／高橋誠 訳　平凡社

キリスト教神秘主義著作集第16巻　中井章子・本間邦雄・岡部雄三 訳　教文館

澁澤龍彦全集2　澁澤龍彦 著　河出書房新社

黒魔術のアメリカ　アーサー・ライアンズ 著／広瀬美樹、鈴木美幸、和田大作 訳　徳間書店

世界で最も危険な書物―グリモワールの歴史　オーウェン・デイヴース 著／宇佐和通 訳　柏書房

The Grimoire of St.Cyprian Clavis Inferni　Stephan Skinner,David Rankine 編著　GOLDEN HOARD PRESS

The BOOK OF BLACK MAGIC　ARTHUR EDWARD WAITE 著　WEISER BOOKS

Grimoires―A History of Magic Books　OWEN DAVIES 著　OXDORD UNIVERSITY PRESS

THE GOETIA―THE LESSER KEY OF SOLOMON THE KING　S.L.MACGREGOR MATHERS 英訳／ALEISTER CROWLEY 編集・解説　WEISER BOOKS

The Key of Solomon the King (Clavicula Salomonis)　S.L.MACGREGOR MATHERS 英訳　WEISER BOOKS

THE BOOK OF THE SACRED MAGIC OF ABRAMELIN THE MAGE　S.L.MACGREGOR MATHERS 英訳　DOWER PUBLICATIONS,INC.

THE GRIMOIRE of ARMADEL　S.L.MACGREGOR MATHERS 英訳　WEISER BOOKS

THE SIXTH AND SEVENTH BOOKS OF MOSES　JOSEPH H.PETERSON 英訳　IBIS PRESS

The Satanic Rituals/Companion to The Satanic Bible　Anton Sandor LaVey 著　AVON BOOKS

The Satanic Bible　Anton Sandor LaVey 著　AVON BOOKS

CEREMONIAL MAGIC & The Power of Evocation　JOSEPH C.LISIEWSKI,PH.D. 著　NEW FALCON PUBLICATIONS

ENOCHIAN MAGIC for BEGINNERS　Donald Tyson 著　Llewellyn Publications

高等魔術の教理と祭儀（教理篇）　エリファス・レヴィ 著／生田耕作 訳　人文書院

高等魔術の教理と祭儀（祭儀篇）　エリファス・レヴィ 著／生田耕作 訳　人文書院

アレイスター・クロウリー著作集1 神秘主義と魔術　フランシス・キング 監修／島弘之 訳　国書刊行会

アレイスター・クロウリー著作集2 トートの書　フランシス・キング 監修／榊原宗秀 訳　国書刊行会

アレイスター・クロウリー著作集別巻1 アレイスター・クロウリーの魔術世界　フランシス・キング 著／山岸映自 訳　国書刊行会

法の書　アレイスター・クロウリー 著／島弘之・植松靖夫 訳　国書刊行会

魔術　理論と実践　アレイスター・クロウリー 著／島弘之・植松靖夫・江口之隆 訳　国書刊行会

世界魔法大全3　石榴の園　イスラエル・リガルディー 著／片山章久 訳　国書刊行会

世界魔法大全5　魔術の復活　ケネス・グラント 著／植松靖夫 訳　国書刊行会

黄金夜明け魔法体系4 召喚魔術　イスラエル・リガルディー 著／日浦幸雄 訳／秋端勉 責任編集 国書刊行会
現代の魔術師―クローリー伝　コリン・ウィルソン 著／中村保男 訳　河出書房新社
世界幻想文学大系第40巻 神秘のカバラー　D・フォーチュン 著／大沼忠弘 訳　国書刊行会
魔女の聖典　ドリーン・ヴァリアンテ 著／秋端勉 訳　国書刊行会
クトゥルー神話コレクション魔道書ネクロノミコン　コリン・ウィルソン ほか著／ジョージ・ヘイ 編／大瀧啓裕 訳　学習研究社
ネクロノミコン―アルハザードの放浪　ドナルド・タイスン 著／大瀧啓裕 訳　学習研究社
ク・リトル・リトル神話集　H・P・ラヴクラフト他 著／荒又宏 編　国書刊行会
クトゥルー神話譚　黒の碑　ロバート・E・ハワード 著／夏来健次 訳　東京創元社
幽霊狩人カーナッキの事件簿　W・H・ホジスン 著／夏来健次 訳　東京創元社
クトゥルフ神話カルトブック THE BOOK OF EIBON　エイボンの書　ロバート・M・プライス 編／C・A・スミス、リン・カーター ほか著／坂本雅之、中山てい子、立花圭一 訳　新紀元社
図解　クトゥルフ神話　森瀬繚 著　新紀元社
クトゥルフ神話ガイドブック―20世紀の恐怖神話　朱鷺田祐介 著　新紀元社
ラヴクラフト全集1　H・P・ラヴクラフト 著／大西尹明 訳　東京創元社
ラヴクラフト全集2　H・P・ラヴクラフト 著／宇野利泰 訳　東京創元社
ラヴクラフト全集3～7　H・P・ラヴクラフト 著／大瀧啓裕 訳　東京創元社
クトゥルー神話事典　東雅夫 著　学習研究社

●ウェブサイトまたはPDF（インターネット）
Twilit Grotto: Archives of Western Esoterica　http://www.esotericarchives.com/
魔術サイト 銀の月　http://magic.cosmic-egg.com/
O∴H∴西洋魔術博物館　http://www7.ocn.ne.jp/~elfindog/
Hermetics.org（The Hermetics Resource Site）　http://www.hermetics.org/

F-Files No.032

図解　魔導書

2011年8月10日　初版発行
2023年9月30日　5刷発行

著者　草野　巧（くさの　たくみ）

図版・イラスト　福地貴子
編集　株式会社新紀元社編集部
DTP　株式会社明昌堂

発行者　福本皇祐
発行所　株式会社新紀元社
〒101-0054　東京都千代田区神田錦町1-7
錦町一丁目ビル2F
TEL：03-3219-0921
FAX：03-3219-0922
http://www.shinkigensha.co.jp/
郵便振替　00110-4-27618

印刷・製本　中央精版印刷株式会社

ISBN978-4-7753-0899-8
定価はカバーに表示してあります。
Printed in Japan